中国博士后科学基金会
 特华博士后科研工作站
总编：王　力　潘晨光

中国博士后社会科学研究报告

中国区域经济研究

Research on Regional Economy of China

李　娟　胡长顺　著

经济科学出版社

责任编辑：吕　萍　白留杰
责任校对：徐领弟
版式设计：代小卫
技术编辑：邱　天

图书在版编目（CIP）数据

中国区域经济研究/李娟，胡长顺著. —北京：经济科学出版社，2007.8
（中国博士后社会科学研究报告）
ISBN 978 – 7 – 5058 – 6428 – 3

Ⅰ.中… Ⅱ.①李…②胡… Ⅲ.地区经济 – 研究报告 – 中国　Ⅳ.F127

中国版本图书馆 CIP 数据核字（2007）第 099225 号

中国区域经济研究

李　娟　胡长顺　著

经济科学出版社出版、发行　新华书店经销
社址：北京市海淀区阜成路甲28号　邮编：100036
总编室电话：88191217　发行部电话：88191540
网址：www.esp.com.cn
电子邮件：esp@esp.com.cn
北京汉德鼎印刷有限公司印刷
海跃装订厂装订
787×1092　16 开　7.75 印张　120000 字
2007 年 8 月第一版　2007 年 8 月第一次印刷
印数：0001—3000 册
ISBN 978 – 7 – 5058 – 6428 – 3/F · 5689　定价：15.00 元
（图书出现印装问题，本社负责调换）
（版权所有　翻印必究）

中国博士后社会科学研究报告

学术总顾问	王茂林	王洛林	王传纶
（按姓氏笔画为序）	刘鸿儒	李京文	吴小平
	周正庆	周道炯	黄　达

中国博士后社会科学研究报告

编委会名单

主　任：徐颂陶
副主任：庄子健　李　扬　李茂生
编　委（按姓氏笔画为序）：

丁学东	马庆泉	王国刚	王松奇	王　铎	王　君	王保佼
王广谦	王华庆	王　建	王开国	王　力	王太元	王一鸣
田　进	厉以宁	卢德之	付自应	史建平	卢　平	李克穆
李小雪	李　扬	李剑阁	李茂生	李光荣	何盛明	何德旭
何小锋	刘士余	刘　力	刘　伟	刘京生	刘啸东	刘　元
米建国	孙海泉	孙建勇	孙祁祥	朱　炎	陈栋生	陈锡文
邵　宁	宋逢明	吴晓灵	肖金成	杨　琨	张东生	张维迎
邹东涛	郑新立	易　纲	周道许	周春生	孟　焰	洪　崎
胡　坚	胡继之	胡满泉	胡昭广	侯伟英	项俊波	姜　洋
姜　洪	南京明	宣昌能	赵玉海	唐双宁	袁　力	敖惠诚
曹凤岐	高传捷	高材林	贾建平	晋保平	夏　斌	夏杰长
夏燕月	徐信忠	黄速建	黄湘平	梁　琪	屠光绍	萧灼基
董文标	谢　平	赖小民	潘晨光	霍学文	戴根有	

本卷指导专家：米建国　马庆泉　董文标
　　　　　　　　　李　扬　陈锡文　高传捷

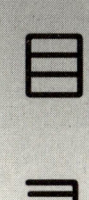

第一部分 环渤海经济圈区域经济一体化研究

一、环渤海经济圈区域经济发展现状及问题 ································ 4
  （一）环渤海经济圈区域经济发展现状 ································ 4
  （二）环渤海经济圈区域经济发展中的主要问题 ···················· 9
二、环渤海区域合作的有利条件和构建
    环渤海区域合作机制的基本原则 ···································· 19
  （一）有利条件 ·· 19
  （二）基本原则 ·· 22
三、未来环渤海区域合作的前提
    ——区域整体功能定位及其在空间的有效分解 ···················· 24
  （一）环渤海区域整体功能定位 ······································ 25
  （二）区域整体功能在空间的有效分解——京津唐、
          沈大、青济城市群的功能定位 ······························ 26
四、未来环渤海区域合作的主线
    ——区域产业合作及其工业集群化道路 ···························· 33

（一）环渤海产业发展现状分析 …………………………………… 33
　　（二）未来环渤海经济圈产业合作的基本框架 …………………… 49
　　（三）未来环渤海产业合作的前提：京津合作的实质性
　　　　　启动与京津现代服务业中心的建设 ………………………… 51
　　（四）未来环渤海产业合作的核心：京津辽冀鲁
　　　　　工业协作的深化及其工业集群化道路 ……………………… 54

五、环渤海区域合作中主导性的市场力量 ………………………………… 62
　　（一）环渤海地区市场分割的现实及其地方性企业和行为 ……… 62
　　（二）环渤海区域合作中的市场统一化和企业行为市场化 ……… 64
　　（三）环渤海经济振兴中的金融创新及其产业引领作用 ………… 65

六、环渤海区域合作中先导性的政府力量 ………………………………… 68
　　（一）环渤海地方政府的一项长期任务 …………………………… 68
　　（二）环渤海地方政府近期作用的主要领域 ……………………… 69
　　（三）区域合作中的财政行为 ……………………………………… 73

第二部分　南水北调西线工程新构想：
　　　　　南水西调及其资金筹措

一、现有的南水北调西线工程方案或设想及其评价 …………………… 77
　　（一）南水北调调水研究的历史回顾 ……………………………… 77
　　（二）已有的南水北调西线工程的各种方案和构想 ……………… 79
　　（三）对已有的南水北调西线工程的主要方案和构想的评价 …… 89
　　（四）南水北调西线工程方案的关键点 …………………………… 90

二、南水北调西线工程新构想：南水西调构想的形成过程 …………… 93
　　（一）南水西调构想的形成过程 …………………………………… 93
　　（二）南水北调西线工程新构想：南水西调的必要性 …………… 96

（三）南水北调西线工程新构想：南水西调的具体方案 …………… 97
（四）南水北调西线工程新构想：南水西调方案特点 …………… 99
（五）与南水西调沿线有关的主要河流及规划的引水工程 ……… 100
（六）南水北调西线工程新构想：南水西调的战略性建议 ……… 104
（七）国外跨流域调水工程的成功经验对我国
　　　南水西调的启示 ……………………………………………… 105

三、南水西调工程的资金筹措 …………………………………………… 108

主要参考文献 ……………………………………………………………… 110
后记一 ……………………………………………………………………… 113
后记二 ……………………………………………………………………… 114

第一部分

环渤海经济圈区域
经济一体化研究

列宁在《哲学笔记》中说："一切都是互为中介，连成一体，通过相互转化而联系的"①。在国民经济宏观系统和由企业、家庭所组成的微观经济系统的运行过程中，从空间的角度看，二者间得以通达，实现控制论所谓的"变换"，就是依托于一定的区域系统。由于资源分布的非均衡性，再加上各种要素在空间转移上的不同特征，在自然、社会、经济和文化等诸多因素的共同作用下，整体国民经济分化成各具特色的空间单元——区域经济系统，相对独立而又相互联系的区域经济构成国民经济的空间分布形态。

在大国经济的运行过程中，国民经济体系是由众多异质的互不相同的区域经济系统耦合而成，各区域经济的发展状况及其产生的影响作用不止于其自身区域的范围，而是关系到整体国民经济大系统的正常运转。如果说"一国经济的总量增长率首先必须被认为是这一经济中各个部门的不同增长率所造成的"②，那么，一国经济的总量增长率其次就必须被认为是这一经济中各个区域的不同增长率所造成的。由于"地区对部门来说，带有超出某一部门和把各个部门联结起来的那种综合性……因为在一个地区的范围内，要研究的不仅是各部门的问题，特别是要研究经济生活、经济关系发展之外的其他社会生活和社会关系的发展，各种社会问题的解决"③，所以，作为宏观经济研究的另一视角，作为与社会生活联结得更为紧密从而也更"现实而具体化"的经济形态，区域经济在现实中的地位和作用日益突出。

经济全球化态势使得靠一个城市的单体发展很难形成综合竞争力，发展区域经济已经成为各国、各地区避免边缘化的重要措施。区域经济由注重城市单体的发展转向注重城市群整体竞争力的提高，区域竞争也由招商引资、提升总量转向依托产业集群和优化质量。

环渤海经济圈地区是指环绕着渤海全部及黄海的部分沿岸地区所组成

---

① 《列宁全集》第38卷，人民出版社1975年版，第103页。
② W. W. 罗斯托：《经济增长的阶段》，中国社会科学出版社2001年版，第53页。
③ 于光远：《战略学与地区战略》，辽宁人民出版社1984年版，第33～34页。

第一部分　环渤海经济圈区域经济一体化研究

的广大区域，其是我国城市群、港口群和产业群最为密集的区域之一，是中国北部沿海的黄金海岸。环渤海经济圈的重要性正日益显现，它的发展与壮大成为经济发展内在要求与自然走向的必然结果①：承东启西、南联北开的区位和经济位置，使得其对于开发西部、振兴东北、启动中部意义重大，在中国国民经济整体格局中占有重要战略地位；处于日渐活跃的东北亚经济圈的中心地带，环渤海经济圈在东北亚乃至亚太地区国际分工协作中也具有重要地位。

狭义的环渤海经济圈地区包括丹东、大连、营口、盘锦、锦州、葫芦岛、秦皇岛、唐山、廊坊、北京、天津、滨州、东营、潍坊、烟台、威海、青岛、日照等18个城市。广义的环渤海经济圈地区则包括北京、天津两大直辖市及河北、辽宁和山东三省的广大地区。泛环渤海经济圈则包括京、津、冀、辽、鲁、晋和内蒙古的部分地区。遵循经济区域的基本走势，按照经济区域和行政区域应基本一致的原则，同时也兼顾统计数据的获取和分析，本文中的环渤海经济圈采用了广义的口径，即包括北京、天津、河北、辽宁和山东五省（市），全区土地面积5 218.77万公顷②，总人口22 571万人③。

---

①　参见曹国琪：《环渤海经济圈的形成与发展》，载《经济研究》1994年第3期。
②　2003年，各地区土地调查面积分别为：北京164.11万公顷；天津119.17万公顷；河北1 884.31万公顷；辽宁1 480.64万公顷；山东1 570.54万公顷。全国为95 067.99万公顷。资料来源：《中国统计年鉴（2004）》。
③　各省市2003年底总人口（常住人口）分别为：北京1 456万人；天津1 011万人；河北6 769万人；辽宁4 210万人；山东9 125万人。全国为129 227万人。资料来源：《中国统计年鉴（2004）》。

一、环渤海经济圈区域经济发展现状及问题

（一）环渤海经济圈区域经济发展现状

1. 经济发展水平相对较高。

2003年，环渤海地区GDP总值为31 647.8亿元，占全国的27%；人均GDP为14 021元，是全国平均水平的1.54倍；地均GDP为606万元/平方公里，是全国的4.92倍。环渤海地区以全国5.5%的国土、17.47%

表1-1　　　　　　环渤海地区基本经济指标（2003年）

区域	GDP（亿元）	占全国比重（%）	人均GDP（元/人）	地均GDP（万元/平方公里）
全国	117 251.9	100	9 101	123.33
环渤海	31 647.8	27	14 021	606.42
北京	3 663.1	3.1	32 061	2 232.10
天津	2 447.7	2.1	26 532	2 053.96
河北	7 098.6	6.1	10 513	376.72
辽宁	6 002.5	5.1	14 258	405.40
山东	12 435.9	10.6	13 661	791.82

资料来源：根据《中国统计年鉴（2004）》相关数据整理计算；人均GDP按户籍人口计算。

的人口，创造了27%的国内生产总值和23.3%的财政收入，在全国经济和社会发展中处于相对发达的位置。

表1-2　　　　　环渤海地区财政收入创造情况（2003年）

项目	全国地方合计	环渤海	北京	天津	河北	辽宁	山东
财政收入（万元）	98 499 846	22 937 313	5 925 388	2 045 295	3 358 263	4 470 490	7 137 877
占全国地方合计（%）	100	23.3	6	2.1	3.4	4.5	7.2

资料来源：根据《中国统计年鉴（2004）》相关数据整理计算。

2. 城镇规模体系相对完善。

从空间形态上看，环渤海经济圈由京津冀、辽宁和山东三大板块组成，以京、津两个直辖市为中心，以大连、青岛、烟台、秦皇岛等沿海开放城市为扇面，以沈阳、石家庄、济南等省会城市为区域支点，构成了中国北方最重要的集政治、经济、文化、国际交往等功能于一身的城市群落，基本形成了由特大城市、大城市、中等城市、小城市和建制镇组成的城镇等级体系。到2003年底，环渤海地区共有城市114个，约占全国城市总量的1/5。环渤海地区中心城市综合实力雄厚，在全国占有重要地位①。

表1-3　　　环渤海地区城市发展情况（2003年）　　　单位：万人

地区	合计	按总人口分组					
		400以上	200~400	100~200	50~100	20~50	20以下
全国	660	11	22	141	274	172	40
环渤海	114	3	7	23	66	15	—
北京	1	1	—	—	—	—	—
天津	1	1	—	—	—	—	—
河北	33	—	2	2	18	11	—
辽宁	31	1	1	4	22	3	—
山东	48	—	4	17	26	1	—

---

① 由国家统计局城市社会经济调查总队根据城市人口与劳动力、经济、社会、基础设施、环境等5个一级大指标，19个二级子系统，50个三级小指标体系对地级以上城市进行的综合评定，综合实力进入前10位的城市分别是上海、北京、深圳、广州、天津、南京、大连、杭州、沈阳、哈尔滨。前10位城市中，环渤海占了4席。

表1-4　　　　我国区域性中心城市的基本划分

中心城市级别	地区	城市名称	集聚与辐射强弱等级
一级（2个）	东部	上海、北京	特级
二级（11个）	东部（5个）	天津、沈阳、广州、南京、大连	一级
	中西部（6个）	武汉、重庆、哈尔滨、西安、成都、长春	
三级（22个）	东部（9个）	济南、青岛、淄博、杭州、石家庄、唐山 福州、徐州、邯郸	二级
	中西部（13个）	太原、郑州、昆明、兰州、长沙、贵阳 南昌、乌鲁木齐、吉林、齐齐哈尔、包头 合肥、洛阳	
四级（20个）	东部（11个）	深圳、汕头、烟台、宁波、锦州、潍坊 厦门、保定、泰安、温州、蚌埠	三级
	中西部（9个）	南宁、柳州、大同、大庆、呼和浩特、西宁、黄石、株洲、湘潭、芜湖	
五级（46个）	东部（20个）	沧州、廊坊、通辽、盘锦、葫芦岛、绍兴 舟山、三明、漳州、南平、龙岩、韶关 珠海、佛山、茂名、惠州、肇庆、中山 东莞、阳江	四级
	中西部（26个）	赤峰、铜陵、濮阳、十堰、宜昌、鄂州 荆门、郴州、岳阳、益阳、常德、永州 桂林、自贡、攀枝花、泸州、德阳、内江 乐山、宜宾、南充、遵义、宝鸡、咸阳 银川、克拉玛依	

资料来源：肖金成、杨洁、袁朱的《打造中心城市》，中国水利水电出版社2004年版，第11页。

3. 港口经济特征较为突出。

环渤海地区大陆海岸线6 000余公里，有中国最为密集的港口群，仅山东一省就有大大小小23个港口[①]。大连、营口、秦皇岛、天津、烟台、青岛、日照等环渤海主要港口合计货物吞吐量占到全国港口货物吞吐量的33.26%，港口腹地覆盖了东北、华北和西北地区，在国际、国内贸易中发挥着极其重要的作用。继2001年11月天津港率先成为中国北方第一个亿吨大港之后，大连港货物吞吐量也超过亿吨，秦皇岛港又成为中国第一个亿吨煤炭输出港。2002年12月20日，青岛港货物吞吐量突破1.2亿吨，跃升至世界集装箱大港15强。我国四大集装箱码头中有3个正在这一地区加紧扩建。据不完全统计，环渤海地区从事集装箱运输的公司有30多家。这一地区正在成为中国亿吨大港最密集的区域，同时也是中国北方最大的集装箱海运中心。随着世界航运船舶大型化、专业化及航运公司的联盟化发展，随着以供应链管理为基础的无缝运输和产品配送所带来的物流操作的集中化，环渤海地区的港口经济发展面临良好机遇。

表1-5　　　　　我国沿海主要港口货物吞吐量情况（2003年）

单位：万吨

港　　口	吞吐量	港　　口	吞吐量
（1）上海	31 621	（10）连云港	3 752
（2）宁波	18 543	（11）烟台	2 936
（3）广州	17 187	（12）湛江	2 866
（4）天津	16 182	（13）汕头	1 470
（5）青岛	14 090	（14）海口	1 329
（6）大连	12 602	（15）八所	425
（7）秦皇岛	12 562	（16）三亚	61
（8）日照	4 507	（17）其他	56 984
（9）营口	4 009	环渤海主要港口合计	66 888

资料来源：《中国统计年鉴（2004）》。

---

① 环渤海经济圈沿海地区几乎有市就有港。山东省在统港口数23个，分别是青岛、烟台、日照、东风、海庙、龙口、长岛、蓬莱、威海、俚岛、石岛、张家埠、乳山、凤城、青岛小港、石臼地方港、岚山、烟台地方港、羊口、下营、蛳江、潍北、牟平。参见《山东省统计年鉴（2004）》。

4. 制造业基础较为雄厚。

环渤海地区制造业基础雄厚，全部国有及规模以上非国有工业总产值占全国的近1/4，钢材、家用电器、电子计算机等主要工业产品产量在全国占有重要地位。京津冀地区的产业门类最为齐全，智力技术密集型产业和钢铁、石油化工、海洋化工、建材等产业发展潜力较大；辽宁则是我国最大的重工业基地，机械、冶金行业优势突出；山东则以机械电子、食品、轻纺等产业为主，特别是家用电器产业竞争力强劲。

表1-6 全部国有及规模以上非国有工业企业单位数和工业总产值（2003年）

区域	全部国有及规模以上非国有工业总产值（当年价，亿元）	占全国比重（%）	全部国有及规模以上非国有企业单位数（个）	占全国比重（%）
全国	142 271.22	100	196 222	100
环渤海	35 061.23	24.6	40 302	20.5
北京	3 810.36	2.68	4 019	2.05
天津	4 049.61	2.85	5 341	2.72
河北	5 708.76	4.01	7 923	4.04
辽宁	6 112.96	4.30	6 842	3.49
山东	15 379.54	10.81	16 177	8.24

资料来源：根据《中国统计年鉴（2004）》相关数据整理计算。

表1-7 环渤海地区主要工业产品产量占全国的比重（2003年）

产品种类	占全国比重（%）	产品种类	占全国比重（%）
原盐	50.49	啤酒	28.61
钢	40.89	水泥	23.94
碱	40	微型计算机	21.69
成品钢材	38.97	家用电器	19.35
金属切削机床	36.72	汽车	18.86
平板玻璃	33.30	集成电路	5.66

资料来源：根据《中国统计年鉴（2004）》相关数据整理计算。

（二）环渤海经济圈区域经济发展中的主要问题

总体上看，环渤海经济圈建设尚处于起步阶段，还存在许多不利于总体发展的问题。

1. 非公经济比重低，市场化水平不足。

中国"北部问题"的实质就是市场力量不足。由于受计划经济传统影响较深，环渤海地区国有经济比重较高，市场化程度较低，人们的思想观念、企业的经营意识，远不能适应市场经济要求。个体、私营、股份制经济等多种经济形式比重偏低，投资动力有待激励。排除全国整体性市场进步因素外，近年来，环渤海三省二市的市场发育情况不够理想，除北京的排序有较快增长外，其他省市的相对位置保持不变甚至下降。

表1-8 环渤海地区全社会固定资产投资分所有制情况（2003年）

区域	投资总额（亿元）	国有（%）	集体（%）	其他（%）
全国	55 566.61	39.0	14.4	46.6
环渤海	13 078.13	33.2	17.7	49.1
其中：北京	2 169.26	33.6	9.4	57
天津	1 039.39	45.4	10.7	43.9
河北	2 477.98	33.6	24.1	42.3
辽宁	2 076.36	34.3	11.1	54.6
山东	5 315.14	30.0	22.1	47.9

注：其他主要包括个体经济、联营经济、股份制经济、外商投资经济、港澳台商投资经济、其他经济。根据《中国统计年鉴（2004）》相关数据整理计算。

市场化水平不足的客观事实一方面决定了企业包袱重，调整难度大，活力不足；另一方面也决定了政府对企业控制能力强，行政干预多，生产要素的跨地区流动受到限制。在落后的市场背景下，中心城市考虑更多的是如何增强经济集聚功能，而对如何发挥经济辐射功能，带动周边地区的经济发展则关注不够；周边地区在依据中心城市需要和自身比较优势，准确进行产业定位和组建经济结构方面也存在差距。

表1-9　环渤海各省市市场化程度在全国位次（2000~2002年）

省（市）	2000年	2001年	2002年	2002年比2000年上升或下降
北京	12	7	6	6
天津	6	6	8	-2
河北	8	12	10	-2
辽宁	9	9	9	0
山东	7	8	7	0

注：本表中的数据为各省（区、市）市场化程度排序数，按市场化相对程度高低在1~31之间排列。最后一列数据表示市场化程度排序的变化，正数表示位次上升（市场化相对程度提高），负数表示位次下降（市场化相对程度降低）。资料来源：樊纲、王小鲁：《中国市场化指数——各地区市场化相对进程2004年度报告》，经济科学出版社2004年版，第6页。

2. 发展战略地方性色彩浓厚，产业分工不足。

中央与地方的分权化，使各级地方政府获得了对经济的较大干预能力，这虽然推动了地方经济的发展，但却造成了区域合作方面较大的负面效应。在重复建设与投资的情况下，为了保护本地区企业的生存与发展，环渤海区域内的地方政府一般都采取了保护本地市场的措施，这就导致恶性竞争、竞相招商引资，最终造成土地资源透支等问题。地方市场的狭小导致企业规模过小、产品库存积压和生产能力大量闲置，企业规模过小又限制了企业新产品、新技术的开发与应用。产业在空间分工不足，宏观生产力布局效率低下。环渤海地区五省（市）都有自己的钢铁、化工、建材、汽车等传统产业，目前又都致力于发展电子信息、生物制药、新材料等高新技术产业，产业同构现象比较严重。最为明显的是钢铁工业，各省（市）都自成体系，但是设备陈旧，产品数量尚可但质量低下，供给满足不了多元化需求。随着经济的发展，环渤海地区竞争力有了很大程度的提高，在影响力和国际化方面均有了长足进展，但对于比较优势利用得不充分却是现阶段面临的主要问题。基于比较优势的位置决策的缺乏，不仅使环渤海地区内丧失了必要的分工与合作，更使得各地区发展过程的起伏性加大。结构趋同和结构瓶颈的共生构成当前环渤海区域发展的第一制约。

不仅京津冀、辽宁、山东三大板块之间产业发展缺乏协调，京津冀、辽宁、山东三大板块内部产业分工也明显不足，这其中，京津冀区域尤为突出。北京和天津作为该地区两个特大型中心城市，由于联合观念的缺乏、行政地位的对峙以及由此形成的区域壁垒和特定时期形成的财政、投资、金融体制等方面的制度障碍等，在争作区域经济发展的"龙头老大"的过程中，出现了明显的工业主导产业趋同现象，二者已经形成了包括传统基础工业、高技术产业和都市型工业在内的自成体系的工业体系。作为全国的政治和文化中心，北京虽然已经形成了以第三产业为主体的产业格局，但地方财政和就业对第二产业的依赖性还比较强，因而与该地区其他城市的产业差异性还没有完全展开。当前京津冀区域合作的主要内容仅限于京冀合作、津冀合作，京津合作进展较为缓慢。京、津与河北之间的合作虽然有了一定的进步，但主要是围绕京津两大城市居民的菜篮子、米袋子而动。农产品的低价格以及由此产生的一产合作的低利润使河北得利不多，这也在很大程度上抑制了河北开展区域合作的积极性。深层次产业合作的缺乏，导致彼此经济增长的相关性明显降低。1979~2001年，京冀GDP增长指数的相关系数为0.618，而到了1991~2001年，这一系数却下降到了0.467。

表1-10　　　五省（市）工业总产值排名前6名行业（2003年）

序号	北京	天津	辽宁	山东	河北
1	通信设备计算机及其他	通信设备计算机及其他	石油加工炼焦及核心燃料加工业	农副食品加工业	黑色金属冶炼及压延加工业
2	交通运输设备制造业	黑色金属冶炼及压延加工业	黑色金属冶炼及压延加工业	化学原料及化学制品制造业	电力、热力的生产和供应
3	黑色金属冶炼及压延加工业	交通运输设备制造业	交通运输设备制造业	纺织业	化学原料及化学制品制造业
4	化学原料及化学制品制造业	化学原料及化学制品制造业	通用设备制造业	电气机械及器材制造业	非金属矿物制品业
5	石油加工及炼焦业	石油和天然气开采业	化学原料及化学制品制造业	非金属矿物制品业	纺织业
6	专用设备制造业	石油加工炼焦及核心燃料加工业	通信设备计算机及其他	通用设备制造业	农副食品加工业

资料来源：《北京市统计年鉴（2004）》、《天津市统计年鉴（2004）》、《辽宁省统计年鉴（2004）》、《山东省统计年鉴（2004）》、《河北省统计年鉴（2004）》。

3. 城镇体系内部机制发育欠缺,城乡联动不足。

尽管目前环渤海城镇体系发育已经达到了一定高度,但究其本质而言,城市群还只有形式上的发展,而缺乏内在机制上的进展,区域内经济发展不平衡,区域联系松散,从大、中城市到小城镇之间尚未形成一体化关系,以工业经济为主的城市体系与以农业经济为主的乡村体系之间还没有形成有效的市场关系。以北京市为例。为改变人口和产业过于集中在市区的状况,北京市在1993年的城市总体规划中就提出,"从现在起城市建设重点要逐步从市区向远郊区作战略转移,市区建设要从外延扩展向调整改造转移;大力发展远郊城镇,实现人口和产业的合理布局"。但时至今日,当时规划的卫星城并没有起到应有的作用,人口规模都不足20万。在14个卫星城中,产业发展取得成效的非常少,许多卫星城因缺乏第二产业的有效支撑,难以起到吸纳人口不断聚集的作用,城镇基础设施及其他城镇功能都得不到应有的发展,依靠卫星城疏解城市功能和人口的目标远没有实现。

表1-11　　　　　　　　　环渤海地区区划情况(2003年)

区域	地级区划数	地级市	县级区划数	县级市	乡镇区划数
全国	333	282	2 861	374	44 067
环渤海	42	42	447	70	6 226
北京	—	—	18	—	318
天津	—	—	18	—	241
河北	11	11	172	22	2 207
辽宁	14	14	100	17	1 532
山东	17	17	139	31	1 928

资料来源:《中国统计年鉴(2004)》。

环渤海区域二元经济突出,除山东外,其他省(市)县域经济不够发达①。以河北省为例。河北县域经济的落后集中体现在以下三个方面:

---

① 县域经济是城市经济与农村经济的结合部,是国家经济发展和社会稳定的基础。在第四届中国县域经济基本竞争力百强县(市)中,环渤海共计30个,其中北京1个,河北省3个,辽宁省5个,山东省21个,与长江三角洲水平差距较大(上海市1个、江苏省21个、浙江省27个)。

一是县（市）人口规模较小。河北省县域总人口5 639.3万人，占全省总人口的84.5%，县均40.9万人，低于45.2万人的全国平均水平。人口在全国平均数以下的县89个，占全省总县数的64.5%；人口在河北省平均水平以下的县81个，占总县数的58.7%。其中人口最少的是大厂回族自治县，仅10.8万人，不到全国平均水平的1/4。二是国内生产总值较低。全省县（市）国内生产总值3 924亿元，占全省的71.2%。上百亿元的县没有，最高的是丰南市，92亿元，居全国第71位，不足全国第一县广东省南海市的27%。最低的是尚义县，为3.6亿元，仅为南海市的1%。此外，进入全国前100名的河北省只有4个县，但位次靠后，最高的仅列第71位，与第一名相差249亿元，差2.7倍。三是地方财政收入水平较低。河北省无一县能够进入全国前100名。在河北省内地方财政收入最高的丰南市，2000年地方财政收入为23 239万元，比全国第100名的县还少3 045万元，仅相当于全国第1名的广东南海市的10.8%。而河北省地方财政收入最低的县只有936万元，相当于广东南海市的0.4%。

表1-12　　　　环渤海地区社会消费品零售情况（2003年）

区域	社会消费品零售总额（亿元）	按消费单位所在地分		
		市	县	县以下
环渤海	11 284.2	7 948.7	1 053.6	2 282.1
北京	1 916.7	1 535.8	88.8	292.2
天津	922.3	859.2	35.3	27.8
河北	2 177.9	1 064.4	421.1	692.4
辽宁	2 330.8	1 963.7	112.0	255.2
山东	3 936.5	2 525.6	396.4	1 014.5

资料来源：《中国统计年鉴（2004）》。

环渤海地区城市之间经济与社会发展也存在较大差异，缺乏中间连接力量，这也是构成未来合作的主要阻碍力量之一。以京津冀为例，在京津周围众多的城市中，只有唐山一个城市的人口超过100万人，人均国内生产总值过万元，可以称得上是次级中心城市，其他城市规模均过小。2003年，围绕京津的7个地级市的GDP总值实现4 315亿元，但只有唐山超过了1 000亿元。同期，围绕上海的14个城市GDP总值实现16 524亿元，已有两个城市超过 2 000 亿元，3 个城市超过 1 500 亿元，2 个城市超过 1 000 亿元。落差和梯度可能是形成合作的基础，但无序的差距则会影响到双方在诸多经济领域的权利和义务的平衡，导致双方对各自的经济成长空间和合作的关注存在很大的差异。

在城镇体系内部机制发育欠缺的情况下，环渤海地区资源型城市转型任务艰巨。我国资源型城市共计有118座，其中环渤海地区就有21座。①在打造制造业基地的过程中，资源型城市的作用不容忽略。但当前，环渤海地区各资源型城市却面临着较为严重的企业负担过重、经济增长缓慢、下岗失业人员居多、生态环境破坏严重、基础设施欠账太多等诸多问题。资源型城市的顺利转型需要正常的城镇体系发展机制的支撑。

4. 中心城市位置决策意识淡漠，现代化功能不足。

城市群的地位在相当大程度上集中反映在其核心城市的吸引与辐射功能的发挥上，而中心城市的功能则产生于合作基础之上的专业化分工。现实中，环渤海地区各中心城市相互竞争程度较高，专业化分工不足。各城市竞相出台各种优惠政策，外贸出口产品竞相压价，既损害了国家和区域的整体利益，也损害了自身的长远利益。为留住财源，各地纷纷对异地投资企业实行双重税收，严重影响了企业跨地区发展的积极性。最终结果是，

表1-13　北京服务业（2003年）与国际大都市（20世纪90年代初）比较

城市	服务业增加值（亿美元）	服务业增加值比重（%）	北京服务业规模相当于其他城市的（%）	服务业的就业比重（%）
东京	5 360	66.0	5.1	75.5
纽约	1 153	72.0	23.6	88.6
伦敦	2 900	75.4	9.4	75.9
巴黎	3 148	72.0	8.6	77.9
柏林	447	61.2	60.9	70.2
香港	1 348	85.0	20.2	72.4
北京	272	61.4	100.0	60.0

---

① 河北有唐山、邯郸、邢台、武安、迁安等5座，辽宁有抚顺、本溪、阜新、盘锦、葫芦岛、铁法、北票等7座，山东有枣庄、东营、新泰、龙口、莱州、滕州、邹城、肥城、招远等9座。参见王青云：《资源型城市经济转型研究》，中国经济出版社2003年版，第4～13页。

北京等环渤海区域中心城市在现代化功能的发挥方面与区域经济发展的现实要求相比存在较大差距：城市的极化与扩散能力还不够强，自身GDP总量不够大，第三产业发展还不充分，资金筹集能力与对外贸易能力一般，金融市场发育尚不完全，等等。

表1-14　　　　　　北京与上海服务业发展比较（2003年）

项　目	总量（亿元）			比重（%）		
	北京	上海	差额	北京	上海	差额
服务业	2 252.9	3 027.1	-774.2	100	100	0.0
交通运输仓储及邮政业	133.0	306.7	-173.7	5.9	10.1	-4.2
信息传输、计算机服务和软件业	285.4	228.5	57.0	12.7	7.5	5.1
批发零售业	248.9	569.9	-321.1	11.0	18.8	-7.8
住宿餐饮业	69.7	138.9	-69.2	3.1	4.6	-1.5
金融保险业	537.3	624.7	-87.4	23.8	20.6	3.2
房地产业	190.6	463.9	-273.4	8.5	15.3	-6.9
租赁和商务服务业	126.5	82.7	43.7	5.6	2.7	2.9
科学研究、技术服务和地质勘察业	200.1	74.3	125.8	8.9	2.5	6.4
水利、环境和公共设施管理业	24.7	50.6	-25.9	1.1	1.7	-0.6
居民服务和其他服务业	38.5	61.9	-23.4	1.7	2.0	-0.3
教育	151.9	161.2	-9.3	6.7	5.3	1.4
卫生、社会保障和社会福利业	58.8	93.2	-34.4	2.6	3.1	-0.5
文化、体育和娱乐业	91.1	72.5	18.6	4.0	2.4	1.6
公共管理和社会组织	96.5	98.0	-1.5	4.3	3.2	1.0

5. 开发区和港口建设缺乏协调，基础设施一体化不足。

环渤海地区开发区建设布局零乱，整体协调性不足。一方面，以发展高新技术为主的科技园区不断扩大规模，土地利用效益不高的倾向比较严重，一些专业园区出现了进行房地产开发的倾向。另一方面，以发展工业为主的开发区更是遍地开花。以京津塘为例。京津塘地区共有44个市级以上各类开发区，其中北京有27个开发区，天津有13个开发区，廊坊有4个开发区。为了争夺客户，各开发区竞相在土地使用、税费、市场准入和环境保护等方面降低门槛,在竞争中造成资源的流失和优势的相互抵消,开发区成为一个个装着良莠不齐的企业的麻袋。开发区规划中产业分布的指向性和集中性非常不明显,各类企业分布在众多的开发区中,没有形成相关产业集群,各类开发区整体规模都不大,低水平无序竞争严重。

表1-15 京津塘地区主要开发区情况(2003年)

序号	开发区名称	工业总产值(亿元)	主导产业
1	中关村科技园区	1 557.5	高新技术产业
2	北京经济技术开发区	417.8	电子及信息、生物工程和新医药、新材料
3	天竺空港工业区	159.5	电子信息、仓储物流、生物医药
4	顺义林河工业区	100.5	电子信息、汽车及零部件、生物工程和医药
5	北京石龙工业区	29	光机电产业、都市产业、生物工程和医药
6	北京大兴工业开发区	21.9	都市产业、电子信息
7	北京雁栖工业开发区	46.9	都市产业、汽车及零部件、生物工程和医药
8	北京密云县工业开发区	71.4	光机电产业、汽车及零部件、生物工程和医药
9	北京良乡工业开发区	34	都市产业、光机电产业
10	北京兴谷经济开发区	35.9	都市工业、汽车及零部件
11	北京通州工业开发区	8.2	都市工业、机电产业、基础产业
12	北京八达岭经济开发区	8.8	都市产业、生物工程和医药
13	天津经济技术开发区	1 251.4	电子信息、汽车
14	天津港保税区	41.8	高新技术产业
15	塘沽海洋高新技术开发区	27.1	海洋高科技、复合材料、电子信息、机械制造
16	天津新技术产业园区	416.4	电子信息、生物医药、新能源、新材料

港口间的合理分工是区域经济起飞的重要前提之一,无论是从美国东海岸城市带的发展,还是日本经济的发展来看均是如此。但环渤海地区的港口建设却缺乏协调,即使是同一省内的港口之间也存在激烈竞争,秦皇

第一部分 环渤海经济圈区域经济一体化研究

岛、京唐、黄骅港之间即是如此①。盲目竞争造成大多数港口长期货源不足,吞吐能力闲置和浪费,亏本经营。这一现象严重制约了港口经济特征突出的环渤海经济的发展。"一方面中国需要更多的港口和机场,另一方面中国现有的港口和机场利用率很低,原因是选址不对……中国实在是浪费不起那么多的资金搞设施的重复建设和错建。"② 除开发区和港口外,环渤海的机场、高速路等重大基础设施的规划、建设也都需要进一步下大力气协调。

表 1-16   环渤海地区主要港口分布情况

省份	主 要 港 口
天津	天津港
河北	秦皇岛、京唐、黄骅、曹妃甸
辽宁	大连、营口、锦州、丹东、盘锦、葫芦岛、庄河
山东	青岛、烟台、威海、日照、东营、东风、龙口、蓬莱

表 1-17   美国、日本主要港口分工情况

	港口	职 能
美国东部海岸港口	纽约港	是最大的商港,是这一群体的枢纽港,重点发展集装箱运输
	费城港	主要从事近海货运
	巴尔的摩港	作为矿石、煤和谷物的转运港
	波士顿	是以转运地方产品为主的商港,同时兼有渔港的性质
日本大东京港口	千叶港	因其吞吐量大,为日本最大的原料输入港
	横滨港	为东京的外港,是国内最重要的对外贸易港
	川崎港	多用作大企业运输原料和成品的港口
	东京港	内贸港
	横须贺港	具有军港兼贸易港的性质
	木更津港	具有旅游和商港的性质

6. 经济增长依赖于投资推动,消费、出口作用不足。

当前,环渤海地区的经济增长仍处于投资推动的发展阶段,争夺投资

---

① 参见《"饿着肚子"忙扩建》,载《经济日报》2003 年 9 月 17 日第 4 版。
② 莱斯特·瑟罗:《资本主义的未来》,中国社会科学出版社 1998 年版,第 50 页。

成了地区经济发展的主要手段,地区间矛盾也由此加剧。相对于环渤海相对发达的城市和港口体系而言,该地区的消费和出口对经济增长的作用明显不足。环渤海地区对外贸易依存度低于全国平均水平。2003年,环渤海地区完成进出口总额1 780亿美元,其中进口997亿美元,出口783亿美元,逆差达到214亿美元,贸易依存度为46%,落后于全国平均水平近14个百分点,出口依存度与全国的差距还在进一步拉大。加快培育具有国际竞争力的产业,努力提升产品档次,更有效、更主动地利用国际市场,由以投资为主导性推动向以消费和出口为主的增长模式转型,是环渤海长期发展中需要解决的问题。

表1-18　　　　　　环渤海地区生产总值构成(2003年)

区域	GDP（亿元）	最终消费（亿元）	资本形成（亿元）	净流出（亿元）	投资率（%）	消费率（%）
环渤海	31 647.79	15 252.35	14 865.4	1 530.04	46.97	48.19
北京	3 663.10	1 967.87	2 293.93	-598.70	62.6	53.7
天津	2 447.66	1 134.69	1 320.47	-7.50	53.9	46.4
河北	7 098.56	3 259.52	3 128.80	710.24	44.1	45.9
辽宁	6 002.54	3 102.51	2 333.67	566.36	38.9	51.7
山东	12 435.93	5 787.76	5 788.53	859.64	46.5	46.5

资料来源:根据《中国统计年鉴(2004)》相关数据计算整理。

二、环渤海区域合作的有利条件和构建环渤海区域合作机制的基本原则

（一）有利条件

1. 地理区位优越。

环渤海地区处于中国欧亚大陆桥东部的起点，位于东北亚经济圈的中心地带，向南联系着长江三角洲，向东沟通韩国和日本，向北联结着蒙古国和俄罗斯远东地区。独特的地缘优势，为环渤海区域经济的发展、开展国内外多领域的经济合作，提供了有利的环境和条件。

2. 自然资源丰富。

环渤海区域是我国东部地区唯一矿种组合较好、重要矿种储量丰富、能源保证条件稳定的地区，是全国发展资源型产业比较理想的区域。环渤海及其毗邻地区拥有丰富的海洋资源、矿产资源、油气资源、煤炭资源和旅游资源，也是中国重要的农业基地，环渤海耕地面积达1 957.69万公顷，占全国耕地总面积的15％之多，粮食产量7 498.9万吨，占全国的17％以上。在煤电油运全面紧张的严峻形势下，在长三角和珠三角经济发展均受到一定程度限制的情况下，凭借良好的资源优势，环渤海的经济发展、引进外资和对外贸易的发展则相对较好。

3. 交通发达便捷。

环渤海地区是我国交通网络最为密集的区域之一，是海运、铁路、公路、航空、通讯网络的枢纽地带，交通、通讯联片成网，形成了以港口为中心、陆海空为一体的立体交通网络，成为沟通东北、西北和华北经济和进入国际市场的重要集散地。

4. 工业基础和科技实力雄厚。

环渤海地区是我国最大的工业密集区之一，是我国的重工业和化学工业基地。环渤海地区科技力量强大，北京的知识密集度是全国平均水平的6.06倍，天津是全国的2.83倍，仅京津两大直辖市的科研院所、高等院校的科技人员就占全国的1/4。2004年，北京市技术合同成交额425亿元，增长60%；在成交总额中，流向本市的技术有16 706项，成交额220亿元；流向全国其他地区的技术有18 843项，成交额205亿元，对全国的创新和发展产生了重要的辐射带动作用。科技人才优势与资源优势也使得环渤海地区对国际资本产生了强大的吸引力[①]。

5. 资源互补和水平落差明显。

环渤海区域存在着经济资源的互补性：北京、天津有着资金、技术、信息、人才、市场等方面的优势，河北、辽宁和山东则有着较为丰富的自然资源和劳动力资源优势。城市是精华荟萃的地方，不可能什么都发展，它必须要有腹地的支撑。作为"城市"的客观存在，京津必须寻求与周边的拥有广大农村地区的省份的合作。相对于北京和天津两大城市，辽宁、河北、山东的制造业优势则相对明显，工业的主要经济效益指标均领先于两大直辖市（辽宁因国有经济比重过大，主要经济效益指标相对落后）。就现实发展水平看，环渤海地区各中心城市的经济落差也较为明显，未来合作空间巨大。

---

① 日前，融勤国际中国研究院对外公布了在华十大最佳投资城市（区域），分别为北京、上海、深圳、广州、杭州、天津、重庆、青岛、南京、三亚。据悉，受欧洲股东Delta基金委托，融勤国际中国研究院历时两年，为Delta基金推介其在华第一轮战略投资的十个最佳投资城市（区域），该报告综合行政管制、企业活力、市场竞争、经营成本、人才优势、交通通讯、区域经济和未来潜力等众多指标。

表 2-1　　　　　环渤海全部国有及规模以上非国有工业企业
主要经济效益指标（2003 年）

区域	工业增加值率（%）	总资产贡献率（%）	工业成本费用利润率（%）	流动资产周转次数（次/年）
全国	29.51	10.50	6.25	2.00
北京	26.57	8.79	6.34	1.69
天津	26.54	9.63	6.03	2.11
河北	31.56	11.39	7.03	2.18
辽宁	28.07	7.31	3.92	1.69
山东	30.57	12.34	6.62	2.55

资料来源：《中国统计年鉴（2004）》。

表 2-2　　　　　环渤海主要城市主要经济指标（2003 年）

城市	人口（万人）	GDP（亿元）	工业总产值（亿元）	地方预算内收入（亿元）	固定资产投资总额（亿元）	在岗职工人数（万人）
北京	1 148.82	3 663.1	3 810.36	592.54	1 999.91	434.2
天津	926.00	2 447.66	4 049.61	204.53	933.86	174.5
青岛	720.68	1 780.42	2 558.87	120.14	547.55	104.6
大连	560.16	1 632.59	1 546.86	110.54	406.54	82.1
沈阳	689.10	1 603.38	1 064.36	81.09	556.85	101.7
石家庄	910.51	1 377.94	1 198.15	49.34	415.55	86.7
济南	582.56	1 365.33	1 318.54	76.11	429.36	78.4

6. 文化上的认同性和政治经济的发达。

环渤海地区在长期的历史发展过程中存在着紧密的官方和民间往来，居于至尊地位的京文化的一统天下使得这一地区成为全国文化认知统一度最高的地区。环渤海地区政治经济色彩浓厚，作为中国的政治中心，环渤海政治文明中所蕴涵的优势和条件，有一些是南部城市所不具备的，也正因为如此，环渤海区域更具备作为总部经济区域的要素和条件。

（二）基本原则

未来，环渤海区域合作需要以区域整体功能定位及其在空间的有效分解为前提，以区域产业合作为主线，以市场和企业自下而上的力量为主导，以政府自上而下的作用为先导，全方位开放，多层次融合，高标准创新，进一步发挥环渤海地区的资源优势，释放经济潜能，实现各省市共赢，打造强大的环渤海经济圈。为此，需遵循以下基本原则：

1. 区域整体功能与各子区域功能相协调。

区域的发展在思路上必须先有功能开发，再有形态开发和产业开发，用功能开发来指导形态开发和产业开发。未来环渤海区域合作的第一步是要明确区域总体功能定位，以此为基础再进行空间的有效分解，也即明晰京津冀、辽宁、山东三大板块各自的功能定位。要解决好三大板块和整个环渤海区域经济发展的关系问题，这是一个长期的战略问题。如果这一问题解决不好，条块分割将使得优势不能发挥，合作成本大大提高。然而，这个问题却不是各个地区自己能够完全解决的，需要社会各方面，特别是中央政府及其各部门的努力。

2. 互信互利、平等协商。

凝聚力的提高离不开互信和互利。互信是合作的基础，互利是合作的目的。各成员应增进往来，加强交流，在交流与合作中实现互信。同时，区域合作应努力探求各方的共同利益，寻找利益交汇点，坚持互信是合作的基点，也是实现互利的根本出路。"不平等及其加剧的趋势成为对发展的限制与障碍的复合体。"[①] 合作机制内各成员地位的平等，不仅是区域合作的必要条件，也是区域协调发展的内在要求。在区域合作过程中，矛盾和冲突在所难免，但各成员要增强了解和信任，以平等为基础进行多层

---

① 冈纳·缪尔达尔：《世界贫困的挑战——世界的贫困大纲》，北京经济学院出版社1991年版，第44页。

次、宽领域的协商，以最终实现互信互利。

3. 市场主导、政府先导。

现代市场经济要求发挥市场和政府的双重作用，市场是资源配置的基础，政府则起着宏观调控作用。区域合作必须遵循市场经济的基本原则，防止不必要的行政干预，提高市场发挥作用的程度。在合作机制的构建及运作中，尤其要重视非官方合作组织和机构的作用。但政府的先导作用也必不可少，特别是对于环渤海这样一个市场化程度较低、空间跨度较大的区域而言。为推动区域合作的深入开展，环渤海区域政府可能需要在基础设施、人力资源、产业转移等方面积极行动。

4. 开放运行、分层实施。

区域合作要有开放的眼光，不能在本区域内部形成封闭循环。未来，环渤海区域合作要有重点地分步骤推进：以京津冀、辽宁、山东三大板块内部紧密合作为基础，以京津冀、辽宁、山东三大板块之间的合作为核心，以与西部开发、东北振兴、中部崛起互动合作为提升，以与东北亚经济接轨为目标，形成"承东启西"、"南联北开"之势。在具体的合作过程中，也需要以分层次的区域合作联席会议作保障：第一层次为地区行政长官会议；第二层次为部门首长会议；第三层次为常设代表委员会，主要负责处理合作的日常事务；第四层次为各专门委员会和工作组，负责具体领域的工作；第五层次为执行委员会，主要负责具体合作事项的运行状况调查、监督和执行。

三、未来环渤海区域合作的前提

——区域整体功能定位及其在空间的有效分解

世界城市、国际城市并非只是城市自身的概念,而是一个城市区域的概念。中心城市的发展绝对不是仅仅依靠自身绝对规模的增长就可以实现的,而是需要通过与周边地区的一体化发展来获得。在现代区域发展过程中,我们不能单从城市看城市,也不能单从区域看区域,而需要从区域的综合发展来看城市,从城市的个体发展来看区域:城市的功能如果不能正常发挥,将不能够反哺区域整体的发展;区域的发展如果不够快,也不利于作为区域中心的城市的壮大。城市和城市群经济正在蓬勃兴起,环渤海区域合作的前提是要明确环渤海的区域整体功能定位,以此为基础,再定位区域内各城市群,并强化他们之间的分工与合作。

经过多年的建设,环渤海区域形成了规模巨大的重化工业产业群,奠定了它作为全国重化工业基地的基础。但是长期的开发使得环渤海地区面临着水资源不足、若干重要矿产资源开采条件困难、环境污染严重等一系列问题,限制着本地区产业和经济的进一步发展,亟需进行资源结构和生产力布局两个方面的战略调整[1]。

---

[1] 陆大道:《中国环渤海地区持续发展战略研究》,科学出版社1995年版。

（一）环渤海区域整体功能定位

立足于环渤海发展现状，未来，该区域要以构建可持续的生态与社会环境，创造安全、舒适、便利、能够容纳2.5亿人生产与生活的良好人居环境为前提，以具有市场竞争力的现代服务业和先进制造业为支撑，带动中国北方经济发展，进一步辐射东北亚，成为支撑与联系国内外各类经济与社会活动的特大型都市圈、知识型总部经济区域和世界级先进制造基地。

特大型都市圈： 环渤海区域由京津冀、辽宁、山东三大板块连接而成，拥有大大小小114座城市，2.2亿人口，经济总量31 647.8亿元，是名副其实的特大型都市圈。未来，要强化各等级城市之间的经济联系，构建有效率的空间等级体系。

知识型总部经济区域： 总部经济形态可以使企业价值链与区域资源实现最优空间耦合，其不仅可以使总部所在的中心城市密集的人才、信息、技术资源得到最充分的效能释放，也能使加工基地所在的欠发达地区密集的制造资源得到最大限度的发挥。截至2004年底，北京有20多家跨国公司地区总部，其中有7家世界500强企业的地区总部，另外，139家投资性公司和189家研发中心也落户北京[1]。未来，以制造业发展为支撑，以知识经济和服务经济为龙头，环渤海区域要吸引更多的人才、资本、信息等要素，在价值链分工中占据高端，立足京津大力发展研发等生产服务业，带动津冀鲁辽等地先进制造业的发展，提升本地区产业水平，扩大本区域经济总量。

世界级先进制造基地： 环渤海必须要尽快完成由单一的加工中心向集加工、采购、物流、商务、科技、信息为一体的制造业基地的转型，要增强本地区的产业集聚水平和配套能力，注重成为集制造业的加工中心、物流中心、采购中心、商务中心、科技中心、信息中心于一身的集合体。

---

[1] 《世界500强企业在华投资态势分析》，载《领导决策信息》2005年第20期。

（二）区域整体功能在空间的有效分解——京津唐、沈大、青济城市群的功能定位

"全球化，既在一定程度上脱离了本土，又在空间上集中于城市。"① 环渤海区域的成长依赖于各城市群功能的有效发挥。从长远看，环渤海各城市必须要注重保护和利用自身拥有的资源禀赋，进行相对的位置决策和合理的功能定位，构建符合自身实际的产业平台，以独特的资源比较优势造就产业竞争优势，以充足的自生能力在相互错位中谋求发展，远离现实中为竞争而竞争的状态。

一个城市是否具有世界城市的功能，关键在于其融入各类世界网络体系的程度。世界城市的本质属性，更多地表现为在全球化中的连通性。当前，全球生产要素优化重组和产业转移继续加快，国际分工进一步加深，由产业间分工、产业内分工进一步发展到产品内分工，同一产品中的制造或服务环节，都可能转移到成本更低的地方去，在全球范围进一步优化配置资源。跨国公司的生产转移从制造环节向服务、研发等环节延伸，特别注重产业配套转移、连锁转移，提高在投资国的产业集聚水平和产业配套能力。新一轮国际直接投资增长呈现两个显著特点：一是更多高科技含量、高附加值的制造及研发环节将从美、日、欧等发达国家向外转移；二是跨国直接投资从制造业外包为主转向服务业外包为主。在这种形势下，环渤海区域内各城市群需结合自身特点准确定位。

在环渤海经济圈空间跨度太大，短时期内难以形成单一经济中心的情况下，环渤海区域整体功能需要在空间内进行次级区域的有效分解，以形成一个多中心的网络等级体系。未来环渤海整体功能的空间分解需要立足北京、沈阳和青岛三个中心城市，分别构建特色鲜明的京津唐城市群、沈大城市群和青济城市群。

---

① 周振华、陈向明、黄建富：《世界城市——国际经验与上海发展》，上海社会科学院出版社 2004 年版，第 25 页。

1. 京津唐城市群——国际化现代服务业中心、高新技术产业基地和钢铁化工制造基地。

以北京、天津为中心，包括唐山、石家庄、秦皇岛、保定、张家口、承德、廊坊、沧州、邢台、邯郸、衡水等城市在内的京津唐城市群地区是中国的政治中心地区。就整个环渤海区域看，只有这一地区的京津二市有可能在相对短的时间内成长为世界城市。北京可以进一步强化政治、文化、金融、信息高科技产业基地等功能，天津在保持已形成的工业优势的同时，可以进一步发挥滨海新区及其港口的作用，协调北京市区的部分功能，和北京共建国际化现代服务业中心和高新技术产业基地。河北要积极接受辐射，利用首钢搬迁等契机，和天津共建钢铁化工基地。

国际化现代服务业中心。在服务业国际化成为经济全球化的主旋律的今天（世界银行，1995），世界城市的发展成为众多服务性公司实施其全球位置决策的聚合作用结果[1]。世界城市强调网络和服务经济的概念，金融和专业性服务、新的媒体部门以及电信服务承载于一系列城市间的跨国网络和专业化的功能分割。当前，城市竞争力的根源已不再是人们传统思想中的"呈现在每个地理意义单元上的最初的资产存货"，现代城市要走流动之路，基于人流、物流、资金流、信息流、知识流等基础之上的服务业的发展，成为国际城市发展的重中之重。[2] 无论是从资源禀赋还是从发展的现实基础看，京津需要紧密科技、商务与消费市场的结合，来促进可行性研究、风险资本、产品概念设计、市场研究、质量控制、会计、人事管理、法律、保险、广告、物流、销售、人员培训等生产性服务业的发展，依靠生产性服务业联动发展生活性服务业，走服务经济之路。

---

[1] 周振华、陈向明、黄建富：《世界城市——国际经验与上海发展》，上海社会科学院出版社2004年版，第5页。

[2] 巴黎地区占据法国生产者服务业全行业的40%多，80%的高端服务者也集中于巴黎。新纽约虽然只占美国人口总数的3%，但据估计它却占据美国生产者服务业出口总额的1/4~1/5。伦敦也占据全英国生产者服务业出口份额的40%。在苏黎世、法兰克福和东京，也存在着类似的现象，即生产者服务业集中在少数地区。

表3-1　　　　　　京津主要服务行业增加值一览（2003年）

项 目	增加值（亿元）		占服务业比重（%）		占GDP比重（%）	
	京	津	京	津	京	津
三产总计	2 255.6	1 112.7	100	100	61.6	45.5
其中：						
（1）交通运输、仓储及邮电通信业	253.8	244.5	11.3	22.0	6.9	10.0
（2）批发和零售贸易、餐饮业、社会服务业	279.7	215.9	12.4	19.4	7.6	8.8
（3）金融保险业	537.3	107.0	23.8	9.6	14.7	4.4
（4）房地产业	190.6	125.4	8.5	11.3	5.2	5.1
（5）社会服务业	365.4	166.3	16.2	14.9	10.0	6.8
（6）教育文化艺术及广播电影电视业	242.7	100.0	10.8	9.0	6.7	4.1
（7）科研和综合技术服务事业	197.7	31.5	8.8	2.8	5.4	1.3
（8）卫生体育和社会福利业	63.1	39.3	2.8	3.5	1.7	1.6

资料来源：《中国统计年鉴（2004）》。

高新技术产业基地。京津唐城市群地区的高新技术产业基础雄厚。随着高新技术服务业的迅速崛起和多领域的产业支撑，高新技术产业在京津唐产业中的战略地位得到进一步提升。2004年，北京高新技术产业实现增加值800.9亿元[1]，占北京市生产总值的比重为18.7%，其中高技术制造业实现增加值377.7亿元，占北京市地区生产总值的比重为8.8%；高技术服务业实现增加值423.2亿元[2]，已占北京高新技术产业的52.8%。"十五"期间，高技术服务业的快速发展成为北京高新技术产业的重要增长点和北京高新技术产业结构高级化的重要表现。未来，京津唐城市群地区的高新技术产业发展需要强调从以高技术制造为主向以高技术服务为主转变，北京要进一步致力于发展高技术服务，天津则侧重于发展电子信息等高技术产品制造。

---

[1] 包括高技术制造业增加值，以及信息传输、计算机服务和软件的增加值。
[2] 2004年北京信息传输、计算机服务和软件的增加值。

钢铁石化基地。京津唐地区的钢铁企业实力雄厚（见表3-2）。天津则是全国惟一集中石化、中石油、中海油和中化工四大国家石化化工企业于一地的城市。天津渤海化工集团又是全国最大的以氯碱化工为核心的盐化工企业。作为基础工业，多年来，钢铁和石化对京津唐城市群地区的地方财政增收、解决就业和经济增长等发挥了积极作用。新颁布的《钢铁产业发展政策》指出，原则上将不再单独建设新的钢铁联合企业、独立炼铁厂、炼钢厂，必须依托有条件的现有企业，结合兼并、搬迁，在水资源、原料、运输、市场消费等具有比较优势的地区进行改造和扩建。从矿石、能源、资源、水资源、运输条件和国内外市场考虑，未来，京津唐城市群地区要在抓好首钢搬迁工作的基础上，进一步加强天津滨海新区和河北曹妃甸地区的制造优势，建设津冀钢铁和石化基地。到2010年底，除保留的首钢总部和研发体系以及不造成环境污染的销售、物流等业务外，首钢在石景山地区的冶炼和热轧将全部停产。联合天津和唐山的产业基础，在作为首钢搬迁的载体——钢铁联合企业建设的同时，天津和唐山地区将会很快发展成为具有国际先进水平的大钢铁和大石化基地。在天津滨海新区，以大港石化化纤产业区、邻港石化海洋化工区和泰达精细化工区为核心，规划建设资源共享、原料互供的国家级石化产业基地。① 在曹妃甸及其周边地区，以25万吨以上大型深水矿石码头和原油码头建设为契机，结合国家第三条输煤大通道的建设和大秦线的扩能改造，以钢铁和石化为主体，曹妃甸将成长为东部沿海的又一大原材料工业基地。

表3-2　　　　中国国内前10名大型钢铁公司产量（2004年）

单位：万吨

名称	产量	名称	产量
（1）宝钢	2 141	（6）唐钢	766
（2）鞍钢	1 133	（7）沙钢	755
（3）武钢	931	（8）华菱	713
（4）首钢	848	（9）济钢	687
（5）马钢	803	（10）邯钢	680

资料来源：《中国钢铁工业年鉴（2005）》。

---

① 参见张晓雁：《天津国家级石化产业基地发展规划思路》，载《港口经济》2005年第3期。

2. 沈大城市群——先进装备制造业基地和东北亚商贸中心

在振兴东北老工业基地的战略决策牵引下，以沈阳、大连为中心，包括鞍山、抚顺、本溪、丹东、锦州、营口、阜新、辽阳、铁岭、朝阳、盘锦、葫芦岛等城市在内的沈大城市群正处于又一个重要的发展机遇期。

辽宁素有"共和国装备部"之称，装备制造业规模宏大，基础雄厚，体系完善。目前，在我国有能力生产的24类共计219种成套设备中，沈阳市占了1/3。在沈阳市生产的77种装备制造产品中，有44种在技术水平、市场份额方面居中国首位，特别是在机床、高压输变电成套设备、重型矿山冶金设备、有色金属冶炼设备、大型电机辅机设备、石化工程成套设备、大型水泥生产成套设备、大型污水处理成套设备、大型高速公路施工设备等"一机八套"方面更是优势显著。

表3-3　　　　　　　　辽宁装备制造业内部行业结构

项　目	2004年（亿元）	年发展速度（%）
装备制造业增加值	581.9	134.1
（1）交通运输设备制造业	155.4	144.4
（2）通用设备制造业	135.4	140.3
（3）通信设备、计算机及电子设备制造业	92.6	124.5
（4）电气机械及器材制造业	74.2	124.9
（5）专用设备制造业	54.4	134.3
（6）金属制品业	50.8	120.3
（7）仪器、仪表及文化、办公用机械制造业	19.1	142.8

未来，沈大城市群的建设需要立足沈阳装备制造业基础雄厚和大连外向型和服务型经济相对发达的比较优势，逐步完善城市体系功能，确立在环渤海经济圈和东北亚经济格局中的重要地位，积极参与区域和国际产业分工，下大力气建设好装备制造业基地和东北亚商贸中心。沈阳要立足省

会、工业基础和交通枢纽等综合优势，抓住世界产业结构调整，特别是日韩产业结构调整的有利时机，主要以机械和电子产业链为基础，大力发展现代装备制造业及相应的研发产业，依靠产品的不断创新、技术的不断进步、分工的不断细密及协作范围的不断开阔，进一步完善生产体系，降低生产成本，提高产业素质，全面建设世界性的先进装备工业基地。大连则要积极实施外向牵引和口岸经济战略，围绕国际航运中心的建设，发展具有一定规模和市场竞争力的现代服务业，建设成为整个东北亚地区的物流、贸易和金融中心。

3. 青济城市群——综合性工业基地和区域服务业中心。

以青岛、济南为中心，包含淄博、枣庄、烟台、威海、潍坊、东营、临沂、济宁、日照、泰安、莱芜、聊城、德州、菏泽、滨州等城市在内的青济城市群，地处黄河经济带与环渤海经济区的交汇点，华北地区和华东地区的结合部，在全国经济格局中占有重要地位。青岛是新亚欧大陆桥和沿黄流域经济带的最大出海口，是著名的制造业城市，它孕育发展了海尔、海信、澳柯玛、青啤、双星等众多名牌，被誉为"名牌之城"。目前，青岛市共拥有"中国名牌"产品31件，占全国479家企业540个"中国名牌"产品的5.67%，成为全国拥有中国名牌产品数量最多的副省级城市。将来这一地区要进一步突出青岛和济南的龙头带动作用，建设综合性工业基地和区域服务业中心。

青岛要注意加强与烟台、威海两城市的合作，充分发挥现有工业基础、对外开放经验、海洋资源等优势，以青岛—烟台—威海的滨海产业带为核心，带动3 000公里海岸线上的十几个大中小城市，共同打造以现代制造业、电子信息业、海洋生物工程为重点的青烟威制造业基地和物流中心，成为山东半岛对外开放的门户。凭借省会条件和便利的交通运输网等优势，济南要注重同周边的德州、聊城、泰安、莱芜、滨州等城市的空间联系，以生产性服务业的发展为这些快速工业化地区提供有效服务，扩展自身腹地范围，成为带动山东省、辐射北方及黄河中下游地区的服务经济核心地区。

表3-4　　　　环渤海各主要城市基于比较优势的基本定位

城市	比较优势	基本定位
北京	科技、人才、市场、信息与文化优势	国家首都、文化名城、世界城市
天津	工业基地、港口、外向型经济优势	国际港口城市、金融商贸中心和技术先进的综合性工业基地
青岛	港口、旅游、制造	信息家电制造基地、现代物流基地、海洋生物工程基地、世界级港口和旅游城市
大连	港口、旅游、外向型经济	世界级港口和旅游城市、东北亚商贸中心
沈阳	工业基地、交通	装备制造业基地、区域综合性服务业中心
石家庄	交通、文化	区域综合性服务业中心
济南	交通、文化	区域综合性服务业中心
唐山	工业基地、港口、能源原材料等资源优势	能源、原材料供给基地，钢铁工业基地

四、

未来环渤海区域合作的主线

——区域产业合作及其工业集群化道路

环渤海区域的发展需要立足于各地区要素禀赋互补性和产业结构差异性的现实。未来，各成员可能都需要切实采取措施，进一步开展经济合作与交流，实现区域优势互补，协力创造资源整合一体化、经济分工合理化、要素配置层次化、产业培育有序化、利益分配规范化的良好局面。在加快改革推进市场化的基础之上，理想的环渤海区域建设重在创建"繁荣看京津，实力看三省"的区域联动型产业结构。

（一）环渤海产业发展现状分析

对于环渤海区域产业发展现状的分析，我们可以分为两个层面：环渤海区域整体的产业发展和京津唐、沈大、青济三大城市群各自的产业发展。

1. 环渤海区域整体的产业发展分析。

（1）环渤海地区的经济总量。2003 年，环渤海地区 GDP 总值为 31 647.8 亿元，占全国的 2.7%；人均 GDP 为 14 021 元，是全国的 1.54 倍；地均 GDP 为 606 万元/平方公里，是全国的 4.92 倍。

（2）环渤海地区按从业人员划分的产业结构。2003年，环渤海地区产业结构以从业人员计为：42.1∶27.4∶30.5，相比于全国49.1∶21.6∶29.3的产业结构，第二产业比重较高，第三产业基本同步。从各省市来看，北京以第三产业为主；天津以第二产业为主，但第二、三产业比重非常接近；辽宁的第三产业发展较快，第二产业比重相对下降；河北、山东以第一产业为主，第二、三产业比重较低。

表4-1　　　　环渤海地区按从业人员划分的产业结构　　　　单位：万人、%

区域	就业人员	第一产业	第二产业	第三产业
全国	74 432.0	49.1	21.6	29.3
环渤海	11 379.7	42.1	27.4	30.5
北京	858.6	7.8	32.6	59.6
天津	419.7	19.6	40.0	40.4
河北	3 389.5	49.3	27.6	23.1
辽宁	1 861.3	37.4	24.6	38.0
山东	4 850.6	46.9	26.2	26.8

资料来源：《中国统计年鉴（2004）》。

（3）环渤海地区按增加值划分的产业结构。2003年，环渤海地区产业结构以增加值计为：10.6∶49.8∶39.6，相比于全国14.6∶52.2∶33.2的产业结构，第三产业比重较高，产业结构相对优化合理。从各省（市）来看，北京第"三、二、一"产业结构最优；天津的第三产业开始接近第二产业；辽宁以第二产业为主，第三产业发展相对较快；河北、山东以第二产业为主，但第三产业差距较大。

表4-2　　　　环渤海地区按增加值划分的产业结构　　　　单位：亿元、%

区域	增加值	第一产业	第二产业	第三产业
全国	117 251.9	14.6	52.2	33.2
环渤海	31 647.8	10.6	49.8	39.6
北京	3 663.1	2.6	35.8	61.6
天津	2 447.7	3.6	50.9	45.5
河北	7 098.6	15.0	51.5	33.5
辽宁	6 002.5	10.3	48.3	41.4
山东	12 435.9	11.9	53.5	34.6

资料来源：《中国统计年鉴（2004）》。

2. 北京市产业发展分析。

2003年，北京地区实现生产总值3 663.1亿元，增长10.7%。其中，第一产业实现增加值95.64亿元，增长3.3%。第二产业实现增加值1 311.86亿元，增长11.9%。工业增加值首次突破千亿元大关，实现1 032.03亿元，增长12.2%。第三产业实现增加值2 255.6亿元，增长10.3%。

表4-3　　　　　　　　2003年与2002年北京市主要指标对比情况

主要指标		2003年	2002年	2003年与2002年的比率（%，可比价）	构成（%） 2003年	构成（%） 2002年
地区生产总值（亿元）		3 663.1	3 212.71	110.7	100.0	100.0
第一产业增加值（亿元）		95.64	98.05	103.3	2.6	3.1
第二产业增加值（亿元）		1 311.86	1 116.53	111.9	35.8	34.7
其中	工业增加值（亿元）	1 032.03	874.15	112.2	28.2	27.1
	建筑业增加值（亿元）	279.83	242.38	110.7	7.6	7.6
第三产业增加值（亿元）		2 255.6	1 998.13	110.3	61.6	62.2
人均地区生产总值（元）		32 061	28 449	109.4	—	

资料来源：《北京市统计年鉴（2004）》。

北京的产业结构升级明显。到20世纪90年代中期（1994年），北京的第三产业已经在总量上超过第二产业（达到47%），成为第一大产业。1995年，第三产业占GDP的比重首次超过50%，北京成为全国第一个三产比重超过50%的地区。按可比价格计算，1990~2003年间，北京市服务业增加值年均增长达12.5%，超过同期GDP年均10.9%的增速。目前，北京以大幅度提升产业综合竞争力为目标，突出发挥科技进步和信息化对产业升级的推动作用，以现代服务业和高新技术产业为主体，努力实现三次产业全面升级，形成符合首都功能要求、市场适应性和竞争力强的产业结构。重点发展金融、商贸物流、文化、中介服务等现代服务业，特别是金融、物流等生产性服务业；保持商业、旅游业和房地产业的优势地位；大力发展电子信息、光机电、生物医药、汽车制造和新材料等高新技术产业和现代制造业；适度发展服装、食品、印刷、包装等都市型工业；限制和转移钢铁等高消耗、重污染的产业。

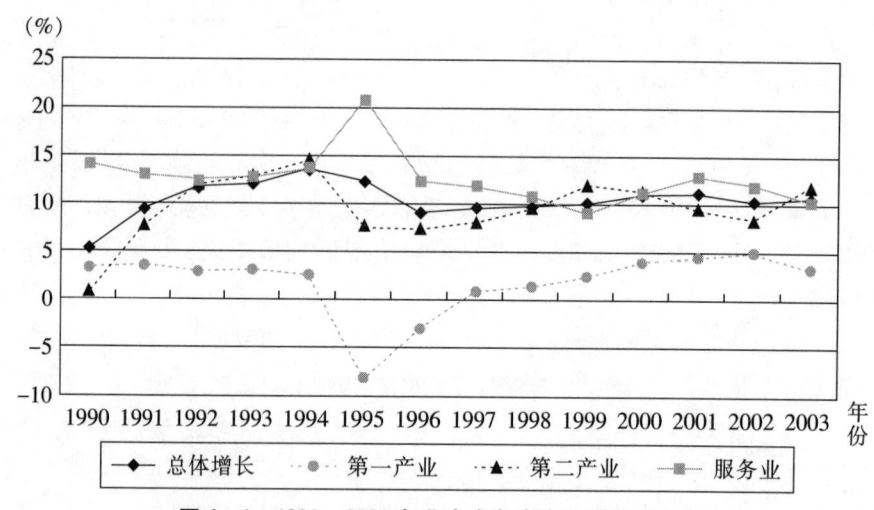

图 4-1　1990~2003 年北京市各次产业增长率变化

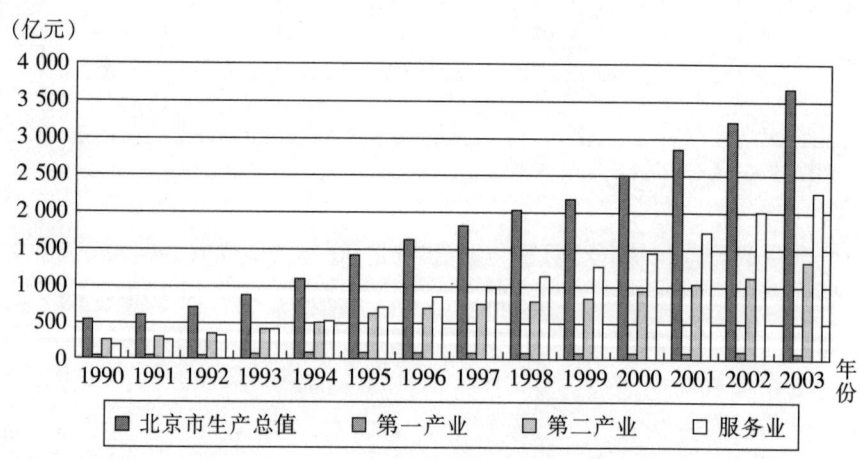

图 4-2　1990~2003 年北京市生产总值及三次产业增加值变动情况

北京的产业布局正在加大调整力度。第三产业的发展不断向中心城区聚集，东城、西城、崇文、宣武和朝阳等区第三产业增加值合计占了全市的 51.2%。中心城区集中了所有的第三产业部门，以金融保险、信息服务业等为代表的现代服务业向中心区集聚的倾向更加明显。高新技术产业主要依托中关村科技园区。中关村科技园区高新技术产业总产值占到全市的 90% 以上。在经历了"试验区"——"一区三园"——"一区五园"——"一区七园"——"一区多园"的演变历程后，北京市高新技术产业目前已经形成了以海淀园为主体,丰台园、昌平园、电子城科技园、亦庄科技园、德胜和健翔科技园等专业园区相呼应的高新技术产业新格局,这些科技园区主要分布在四环周边区域。2003 年,中关村科技园区实现增加值 608 亿元,同比增长 17%;技工贸总收入 2 886 亿元,同比增长 20%;上缴税费 120 亿元,同比增长 21%;出口创汇 33 亿美元。制造业加快向东部和南部聚集。2003 年,北京市工业增加值首次突破千亿元,对全市 GDP 增长的贡献率达到 33.2%,电子信息、汽车、光机电、生物工程与医药、都市型工业、石化新材料六大支柱格局逐步形成。围绕六大重点产业的发展,北京市的工业布局在已有开发区的基础之上,正在向东部和南部加快聚集,一些有特色、相对专业化的制造业集中区域已经形成。

3. 天津市产业发展分析。

改革开放以来,天津的产业结构进一步升级,经济整体素质明显提升。2003 年,天津实现地区生产总值 2 447.66 亿元,增长 14.8%,其中第一产业完成增加值 89.66 亿元,增长 6.1%;第二产业完成增加值 1 245.29 亿元,增长 18%,比上年加快 3.7 个百分点,工业完成增加值 1 136.24 亿元;第三产业完成增加值 1 112.71 亿元,增长 11.8%。三次产业结构为 3.6∶50.9∶45.5。

表 4-4　　　　　　　2003 年与 2002 年天津市主要指标对比情况

主要指标		2003 年	2002 年	2003 年占 2002 年的比率（%,可比价）	构成（%）	
					2003 年	2002 年
地区生产总值（亿元）		2 447.66	2 051.16	114.8	100.0	100.0
第一产业增加值（亿元）		89.66	84	106.1	3.6	4.1
第二产业增加值（亿元）		1 245.29	1 001.9	118.0	50.9	48.8
其中	工业增加值（亿元）	1 136.24	909.24	118.6	46.4	44.3
	建筑业增加值（亿元）	109.05	92.66	112.4	4.5	4.5
第三产业增加值（亿元）		1 112.71	965.26	111.8	45.5	47.1
人均地区生产总值（元）		26 532	22 380	114.0	—	—
社会劳动生产率（元/人）		48 782	41 820	112.2	—	—

资料来源:《天津市统计年鉴（2004）》。

目前天津已经基本形成以电子信息和现代医药为主的高新技术产业,

以石油、化工、冶金等装置型重化工业为主的临港产业，以汽车、造船为主的交通运输设备制造业，以物流、社会服务、金融、房地产为主的先进服务业和以传统商贸服务为主的传统服务业。其中，电子通信、黑色冶金、化工原料、交通运输设备制造和石油开采加工五大行业成为全市工业的主要支撑力量。2003 年，这五大行业实现工业总产值 2 376.01 亿元，占全市规模以上工业的比重达 58.7%。其中电子通信设备制造业成为本市工业的第一大行业，全年完成工业总产值 886.17 亿元，占全市规模以上工业的比重达到 22%。

天津城市工业发展的重心正在移向滨海新区，天津中心城区的服务业将获得更快发展。天津的服务业占 GDP 比重尽管高于全国平均水平，但相对于其直辖市的地位而言，服务业发展仍相当不足。随着工业企业搬迁力度的加大，天津老城区的振兴有赖于服务业的全面振兴。党中央、国务院已把滨海新区纳入国家发展战略的总体布局，滨海新区是天津的希望所在，加快滨海新区建设，不仅对天津，而且对我国华北地区、环渤海地区乃至整个北方地区的发展都具有全局性的战略意义。滨海新区位于天津市的东部临海地区，由天津港、开发区、保税区及塘沽、汉沽、大港三个行政区组成，面积 2 270 平方公里、人口 107 万。1993~2003 年，滨海新区 GDP 由 112.4 亿元增加到 999.75 亿元，增长了 7.9 倍，新区实现 GDP 占全市的比重由 1993 年的 21% 提高到 40.9%，新区 GDP 年均增长 20.8%，高出全市平均经济增长率 8 个百分点，高于全国平均经济增长速度 11 个百分点；同期财政收入由 23.6 亿元增加到 171.8 亿元，增长了 6.3 倍。按 2003 年户籍人口计算，人均国内生产总值达到 1.1 万美元，已达到目前世界上中等收入水平，远高于全市 3 129 美元的人均 GDP 水平。2003 年，滨海新区三次产业比例为 0.74∶69.33∶29.93。10 年间，对全市经济增长贡献率为 46.4%。滨海新区目前已形成了以制造业为主的产业结构，且产业集中度较高，石油和天然气开采业、通信设备计算机及其他电子设备制造业两个行业的产值占工业总产值的比重达 55.6%，部分行业已具有较明显的区际意义和市场竞争力。

4. 河北省及各市产业发展分析。

（1）河北省经济总量及产业发展情况。2003 年，河北全省生产总值达 7 098.56 亿元，经济总量跃居全国第 5 位，人均 GDP 突破万元，达到 10 513 元。第一产业共完成增加值 1 064.33 亿元，年均分别增长 3% 和 5.3%。第二产业在经济发展中的地位日益突出，对推动全省经济起到了主导作用。第二产业占全省经济总量比重基本保持在 40%~52% 之间，明显高于第一产业和第三产业。1979~2003 年，第二产业年均增长 11.4%，高于全省经济增长率 1 个百分点，对经济增长的贡献份额达 52% 以上。商业、饮食、物资、外贸、运输、邮电等流通部门快速发展，第三产业由封闭式内向型向开放式外向型转变，特别是随着市场经济的确立和逐步完善，第三产业在过去较低的基数上迅速增长。1979~2003 年，第三产业年均增长 12.7%，比全省经济的平均增速高出 2.3 个百分点，比第一产业和第二产业的年均增速分别高出 7.4 和 1.3 个百分点。其中，交通运输仓储及邮电通信业和批零贸易餐饮业年均增长分别为 10.4% 和 12.2%，成为发展较快的行业。第三产业占全省经济总量的比重也逐年提高，2003 年达到 33.5%，分别比 1952 年和 1978 年提高 14.6 和 12.5 个百分点。

河北的产业结构日趋合理。经济结构已由建国初期的"一、三、二"格局和改革开放后的"二、一、三"格局，演变为当前的"二、三、一"格局，经济结构日趋合理，产业结构不断优化。1990 年至今，第一产业所占比重继续保持下降趋势，而第三产业和第二产业保持上升势头，三次产业结构已从 1990 年的 25.4：43.2：31.4 调整为 2003 年的 15：51.5：33.5，第一产业下降 10.4 个百分点，第二产业上升 8.3 个百分点，第三产业上升 2.1 个百分点。1978 年以来的 25 年间，第一产业比重下降了 13.5 个百分点，第三产业上升了 12.5 个百分点，第二产业提高 1 个百分点，全省经济结构日趋合理，产业结构不断优化。

基于地理位置、资源禀赋和经济基础的差异性，近年来，河北省产业布局开始"两带"突出：环京产业带和临海产业带。包括廊坊市及其三河、香河、大厂、固安、霸州、永清，保定市的涿州、涞水、易县、高碑店、容城、安新、定兴等县（市），张家口东三县即怀来、涿鹿、赤城，承德市的南三县即丰宁、兴隆、滦平在内的河北环京产业带，以链接北京高新技术产业为主，与京津一道打造我国环渤海地区高新技术产业集聚区，形成以北京为龙头的高新技术产业化基地。以秦皇岛市海港区、山海关区、北戴河区以及抚宁、昌黎、乐亭、唐海、滦南、黄骅、海兴、盐山等县市在内的沿海地区，近年来临海新型重化工业和外向型高新技术产业发展较快，已显现新型重化工产业集群的雏形，略显与天津滨海新区的对接态势。

表4-5　　　　　　　　　河北省主要经济指标（2003年）

	增加值	增长（%）	比重（%）
地区生产总值（亿元）	7 098.56	11.6	100
第一产业（亿元）	1 064.33	6.1	14.99
第二产业（亿元）	3 657.19	14.3	51.52
其中 工业（亿元）	3 212.96	13.9	45.26
建筑业（亿元）	444.23	17.2	6.26
第三产业（亿元）	2 377.04	10	33.49
人均GDP（元）	10 513	11.0	—

资料来源：《河北省统计年鉴（2004）》。

（2）河北各市的产业发展情况。从河北各城市的发展情况看，除秦皇岛已经基本形成"三、二、一"产业结构外，石家庄、唐山、沧州等绝大多数城市的经济发展仍以第二产业为主。

表4-6　　　　　　　　河北各市生产总值及产业分布（2003年）

名称	生产总值（亿元）	三次产业比例
全省	7 098.56	14.99∶51.52∶33.49
石家庄	1 377.94	13.1∶48.6∶38.3
唐山	1 295.32	15.0∶55.2∶29.8
保定	924.81	16.1∶47.5∶36.4
邯郸	762.56	14.5∶51.8∶33.7
沧州	628.86	15.0∶52.3∶32.7
廊坊	528.55	14.5∶55.2∶30.3
邢台	514.61	18.5∶54.6∶26.9
衡水	396.76	18.4∶53.0∶28.6
秦皇岛	387.03	10.0∶39.7∶50.3
张家口	319.94	14.7∶45.4∶39.9
承德	234.98	18.5∶46.7∶34.8

资料来源：《河北省统计年鉴（2004）》。

石家庄、唐山和保定等城市发展居于河北城市发展的第一梯队，与沧州等地的差距较为明显。就三个城市来看，产业分工较为明显：石家庄的服务业发展优势突出，商贸、文化教育中心建设进展顺利，医药、纺织、高新技术和现代农业发展迅速；唐山大钢铁发展势头良好，借助首钢搬迁和曹妃甸开发之势，重点发展钢铁、化工、装备制造、建材和奶、肉食品；保定则重点加强汽车、输变电设备和轻纺基地建设。

　　除上述三个城市外，秦皇岛加快船舶制造、重型装备制造、粮油食品加工、建筑材料和金属压延等临港工业的发展；邯郸重点发展钢铁、建材、纺织服装和商贸流通业；沧州突出化工产业的主导地位，做大做强临港和海洋经济，加快石油化工、盐化工和精细化工等产业的发展，建设化学工业基地；廊坊发展通信设备、半导体和软件产业，加快中心城市会展、科教等服务业和县域汽摩配件、钢木家具、包装材料等工业的发展；邢台培育壮大重型汽车、建筑材料和农产品加工业；衡水建设金属制品、工程橡胶、食品加工、林板林纸等主导产业体系；张家口巩固提高装备制造、能源和食品三大主导产业地位，提升制药、卷烟、酿酒、奶业等特色产业水平；承德重点加快钒钛钢铁、中药、食品和旅游业的发展。

　　近年来，介于京津之间的廊坊的发展构成河北城市发展中的一大亮点。"九五"以来，廊坊市工业经济发展态势良好，工业生产快速增长，工业已经成为全市经济发展的主要支柱之一。工业总产值从1995年的273.9亿元增加到2003年的1 034.24亿元。廊坊市工业门类基本齐全，主要集中在机械制造、食品、化工、纺织、木材加工及家具制造、印刷、冶金等行业。机械制造业中，美联公司的制动空压机、汉拿卢卡斯公司的汽车制动钳，是国内产量最大、配套厂家最多的企业。反映区域特色的产业群初步形成，主导产品具有较大优势。如大厂县的牛羊屠宰及肉类深加工产业。大厂县现有大型肉牛屠宰企业8家，牛羊屠宰能力达到百万头，拥有华安、福华等一批龙头企业，产品享誉京津。工业企业结构不断优化，一批骨干龙头企业相继涌现。随着京津唐城市群的建设，廊坊在河北城市体系的相对位置将会得到显著提升。

5. 辽宁省及各市产业发展分析。
　　作为我国主要的原材料和工业基地，沈大城市群的产业基础相当雄厚。

（1）辽宁省经济总量及产业发展情况。2003年，沈大城市群实现地区生产总值6 002.54亿元，按可比价格计算，增长11.5%。其中，第一产业实现增加值615.8亿元，增长7.2%；第二产业实现增加值2 898.89亿元，增长12.3%；第三产业实现增加值2 487.85亿元，增长11.7%。人均GDP实现14 258元。三次产业增加值占地区生产总值的比重为10.3∶48.3∶41.4。

表4-7　　　　　　辽宁省地区生产总值及产业分布（2003年）

主要指标		2003年	比重（%）	2003年占2002年的比率（%）
地区生产总值（亿元）		6 002.54	100	111.5
第一产业增加值（亿元）		615.80	10.3	107.2
第二产业增加值（亿元）		2 898.89	48.3	112.3
其中	工业增加值（亿元）	2 556.82	42.6	111.6
	建筑业增加值（亿元）	342.07	5.7	117.5
第三产业增加值（亿元）		2 487.85	41.4	111.7

沈大城市群地区工业重型化特征明显，优势工业行业支柱作用明显。经过多年的沉淀，沈大城市群地区建立起以重工业为主导、门类齐全的工业体系，形成了以原材料工业和装备制造业为核心的优势产业，积蓄了足够的工业增长能力。2004年，轻工业完成增加值410.9亿元，比上年增长27.6%；重工业完成增加值1 844.8亿元，增长18.1%。2004年，原材料工业和装备制造业共完成工业增加值1 689.4亿元，比上年增长24.7%，占规模以上工业增加值的74.9%。其中，原材料工业完成工业增加值1 107.5亿元，比上年增长19.8%，占规模以上工业增加值的49.1%；装备制造业完成工业增加值581.9亿元，比上年增长34.1%，占规模以上工业增加值的25.8%。原材料工业和装备制造业内部的行业主导也渐趋多元化，多点支撑的工业发展局面正在逐步形成。

沈大经济带和沿海经济带是沈大城市群产业发展的支柱地区。沈大经济带是以沈大高速公路和铁路为主轴线的经济地区，其地域范围北起铁岭南至大连，包括沈阳、大连、抚顺、本溪、辽阳、鞍山、营口和铁岭8市及所辖的14个县，2004年地区生产总值5 580.6亿元，工业总产值

6 287.8亿元。该地区是我国工业化起步最早的地区，已经基本形成了以装备制造业、石油化工、钢铁工业为主体的重化工走廊。沿海经济带则是以海岸线为发展轴线，东起丹东、西至绥中，以大连为中心，包括丹东、营口、盘锦、锦州和葫芦岛等6市及沿海所辖14县（市）。该地区未来发展潜力巨大：以大连和营口为重点，已经初步形成了吞吐能力超过2亿吨的港口群；拥有3个国家级经济技术开发区、1个国家级高新园区、2个省级开发区；石油化工和运输设备制造业规模较大。

表4-8　　　　　　　　辽宁原材料工业内部行业结构

项　目	2004年	2004年占2003年的比率（%）
原材料工业增加值（亿元）	1 107.5	119.8
（1）石化工业（亿元）	601.9	116.3
（2）冶金工业（亿元）	406.1	125.2
（3）建材工业（亿元）	99.5	122.2

（2）各市产业发展基本情况。从辽宁各城市的发展情况看，沈阳、锦州、丹东、朝阳已经基本形成"三、二、一"的产业结构，大连、鞍山、抚顺等绝大多数城市的经济发展仍以第二产业为主。辽宁城市发展的差距过大，大连的经济总量是阜新的近16倍。作为沈大城市群地区的中心城市，大连和沈阳的城市发展居于辽宁城市发展的第一梯队，逐渐形成了符合自身比较优势的产业结构，城市的聚集、辐射功能明显增强，成为辽宁省城市化加速发展的龙头，具有城市群内其他城市不可替代的作用，与其他城市的差距较为明显。

沈阳是东北地区最大的中心城市，拥有东北地区最大的民用航空港、全国最大的铁路编组站和全国最高等级的"一环五射"高速公路网。沈阳的产业发展对沈大城市群的发展具有强烈的吸纳力、辐射力和带动力。2004年，沈阳实现地区生产总值1 900.7亿元，比上年增长15.5%，为10年来最高增长。三次产业增加值占地区生产总值的比重为5.8：49.5：44.7。沈阳产业的重化工业特征持续加强，五大工业支柱地位巩固。2004年，机械装备制造、汽车及零部件、电子信息、医药化工和农产品深加工等五大支柱产业完成投资151.9亿元，占工业投资的比重为52.6%；实现工业总产值1 132.9亿元，比上年增长28.1%，占全市规模以上工业总产值的比重达75.9%；机械、设备、汽车出口商品供货值118.9亿元，比上年增长67.9%，占全市出口商品供货值的比重达65.9%。

表4-9　　　　　辽宁各市生产总值及产业分布（2003年）

名称	生产总值（亿元）	三次产业比例	人均GDP（元）
全省	6 002.54	10.3∶48.3∶41.4	14 258
大连	1 632.59	8.3∶47.9∶43.8	29 206
沈阳	1 603.38	5.3∶47.3∶47.4	23 271
鞍山	790.37	5.4∶55.5∶39.1	22 909
盘锦	338.01	11.0∶69.8∶19.2	27 226
抚顺	314.84	7.7∶58.5∶33.8	13 912
锦州	281.70	25.6∶36.9∶37.5	9 167
营口	253.38	11.9∶52.3∶35.8	11 074
葫芦岛	240.03	14.2∶48.9∶36.8	8 857
辽阳	238.78	10.6∶49.7∶39.7	13 104
本溪	234.66	7.2∶55.5∶37.4	14 985
丹东	232.95	17.9∶37.5∶44.6	9 655
铁岭	176.52	28.7∶37.4∶33.9	5 896
朝阳	119.82	26.6∶36.0∶37.3	3 568
阜新	103.03	21.6∶39.5∶38.9	5 339

表4-10　　　　沈阳城市经济总量及其产业分布（2004年）

主要指标		2004年	比重（%）	2004年占2003年的比率（%）
地区生产总值（亿元）		1 900.7	100	115.5
第一产业增加值（亿元）		110.7	5.8	114.2
第二产业增加值（亿元）		940.5	49.5	119.8
其中	工业增加值（亿元）	830.3	43.7	118.5
	建筑业增加值（亿元）	110.2	5.8	106.2
第三产业增加值（亿元）		849.5	44.7	111.1

大连位于黄海渤海之间，是一座气候宜人、经济发达的海滨城市。2004年，大连实现地区生产总值1 961.8亿元，按可比价格计算比上年增

长 16.2%。三次产业构成比例为 7.8∶50.1∶42.1，对经济增长的贡献率分别为 4.9%、59.3% 和 35.8%。大连的服务业和外向型经济发展相对较快。大连的旅游会展业发达。2004 年实现旅游总收入 170.1 亿元，比 2002 年增长 25.4%。2004 年全年举办各类大型展览会 56 个，实现成交额 285 亿元。交通运输物流业发展较快，航运基础设施建设加快，口岸仓储能力增强。2004 年，沿海港口完成货物吞吐量 1.45 亿吨，增长 15.2%；完成集装箱吞吐量 221.12 万标箱，增长 32.4%；完成旅客吞吐量 614.7 万人次，增长 19.6%。拥有各类经营性仓库 309 家，占地面积 1 052 万平方米，储存能力 867 万吨。据海关统计，大连地区内企业完成进出口总额 207.29 亿美元，比上年增长 19.8%。其中：进口 98.74 亿美元，增长 27.1%；出口 108.54 亿美元，增长 13.9%。出口商品结构升级。机电产品、高新技术产品出口分别增长 16.1% 和 18.2%。全年协议合同外资金额 31.6 亿美元，按可比口径计算，比上年增长 38.9%；实际使用外商直接投资金额 22.03 亿美元，增长 109.4%。

表 4-11　　　　　　　　大连城市经济总量及其产业分布

主要指标		2004 年	比重（%）	2004 年占 2003 年的比率（%）
地区生产总值（亿元）		1 961.8	100	116.2
第一产业增加值（亿元）		153.1	7.8	110.4
第二产业增加值（亿元）		983.3	50.1	119.9
其中	工业增加值（亿元）	851.3	43.4	117.1
	建筑业增加值（亿元）	132.0	6.7	128.1
第三产业增加值（亿元）		825.4	42.1	113.1

6. 山东省及各市产业发展分析。

（1）山东省经济总量及产业发展情况。2003 年，青济城市群实现地区生产总值 12 435.93 亿元，按可比价格计算，比上年增长 13.7%。其中第一产业增加值 1 480.67 亿元，增长 5.6%；第二产业增加值 6 656.85 亿元，增长 17.0%；第三产业增加值 4 298.41 亿元，增长 12.0%。三次产业增加值占地区生产总值的比重为 11.9∶53.5∶34.6。人均生产总值 13 661 元。

表 4-12　　　　　　　青济城市群经济总量及其产业分布

主要指标		2003 年	比重（%）	2003 年占 2002 年的比率（%）
地区生产总值（亿元）		12 435.93	100	113.7
第一产业增加值（亿元）		1 480.67	11.9	105.6
第二产业增加值（亿元）		6 656.85	53.5	117.0
其中	工业增加值（亿元）	5 860.63	47.1	
	建筑业增加值（亿元）	796.22	6.4	—
第三产业增加值（亿元）		4 298.41	34.6	112.0

一是工业体系日趋优化，制造业拉动作用强劲。青济城市群地区的工业发展迅速，已经基本形成了以能源、化工、冶金、建材、机械、纺织、食品等支柱产业为主体的工业体系。2004 年，青济城市群实现工业增加值 7 799.3 亿元，增长 21.1%，对 GDP 增长的贡献率为 64.5%，成为拉动经济快速增长的主要动力。20 304 个规模以上工业企业实现增加值 6 498.3 亿元，比上年增长 26.5%，占 GDP 比重达 41.9%，其中，轻工业增加值 2 343.4 亿元，增长 27.0%，重工业增加值 4 154.9 亿元，增长 26.3%，轻重工业比例为 36∶64。制造业实现增加值 5 380.9 亿元，占规模以上工业的 82.8%，比上年增长 30.4%，拉动工业增长 25.2 个百分点。以青岛、烟台、威海三市为主体的胶东半岛制造业基地，实现制造业增加值对全省的贡献率达 39.1%。高新技术产业实现增加值 1 251.1 亿元，增长 29.3%，实现产值占规模以上工业总产值的比重达 21.9%，实现利润占规模以上工业制造业的比重达 26.3%。

二是农业体系全国最发达。青济城市群的农业生产居全国第一位。2004 年，农林牧渔业总产值达到 3 453.2 亿元，比上年增长 5.7%。除传统粮食生产外，近年来，青济城市群的蔬菜生产已经发展成为继粮食生产之后的第二大农业主导产业，青济城市群成为全国最大的菜篮子。

包括济南、青岛、淄博、东营、烟台、潍坊、威海、日照 8 个城市在内的半岛城市群是青济城市群对外开放的前沿，经济发展的支柱，社会文化发展的重心。半岛城市群面积 7.3 万平方公里，占全省的 46.6%；总人口 3 905 万，占全省的 43%；2003 年 GDP 8 339 亿元，占全省的 79.0%。该地区包括 22 个县级市、651 个建制镇，设市城市和建制镇数量分别占全省的62.5%、51.9%;城镇人口1 978万,城市化水平50.6%。随着经济总量的扩大,半岛城市群已开始向沿海和胶济沿线两个主要经济联系方向扩展,青州、平度、蓬莱、莱州、高密、诸城、莱阳、龙口等小城市正在蓬勃发展,初显都市连绵区发展态势。

(2)各市产业发展基本情况。从青济城市群地区各城市的发展情况看,除省会城市济南已经形成"三、二、一"的产业结构外,青岛、烟台、潍坊等绝大多数城市的经济发展仍以第二产业为主。主要城市产业实力强劲。2004年,在青济城市群的17个地级以上城市中,有8个城市的生产总值突破千亿元大关,其总和占到城市群经济总量的71%。作为区域性中心城市,青岛和济南两城市的经济实力有了较大提高。青岛、济南、烟台和淄博处于第一梯队,潍坊虽然总量较大,但人均水平不高。威海和东营产业发展特色突出,城市经济总量虽然不大,但人均水平却位于最前列。临沂、聊城和菏泽的发展与其他城市相比差距较大,人均水平偏低。

表4-13 山东各市生产总值及产业分布(2003年)

名称	生产总值(亿元)	三次产业比例	人均GDP(元)
全省	10 552.06	11.9:53.5:34.6	13 661
青岛	1 780.42	8.3:52.6:39.1	23 398
济南	1 365.33	7.6:43.9:48.5	23 590
烟台	1 316.00	10.8:53.6:35.6	20 221
潍坊	1 030.00	15.5:50.5:34.0	12 152
淄博	1 003.38	4.9:61.0:34.1	24 319
济宁	882.61	14.4:49.0:36.6	11 063
威海	836.02	11.1:58.8:30.1	33 762
临沂	834.61	14.6:49.4:36.0	8 266
东营	696.08	5.1:79.5:15.4	39 528
泰安	604.07	13.4:50.4:36.2	11 043
德州	460.50	18.4:50.3:31.3	10 218
聊城	454.19	22.1:50.3:27.6	8 074
滨州	406.50	17.7:52.2:30.1	11 123
枣庄	313.86	12.2:56.4:31.4	10 558
日照	311.67	18.5:44.6:36.9	11 211
菏泽	290.10	40.0:35.7:24.3	3 337
莱芜	170.05	8.9:56.4:34.7	13 727

资料来源:《山东省统计年鉴(2004)》。

青岛产业发展以第二产业为主导。2004年，青岛三次产业比例为7.5∶54.1∶38.4。轻工业增加值450.6亿元，比上年增长25.5%；重工业增加值423.5亿元，比上年增长28%；轻重工业比例为52∶48。青岛的家电产业集群已经较为成熟，在行业内名牌荟萃。2004年，彩色电视机、家用电冰箱、房间空调器三大类家用电器的产量分别达到957.94万、815.03万和977.51万台，分别比2003年增长42.6%、36.2%和61.1%。青岛海尔、海信、澳柯玛三大企业集团共拥有"中国名牌"家电产品17件：海尔集团公司的电冰箱、洗衣机、空调、彩色电视机等12件产品；海信集团有限公司的移动通信手持机CDMA、彩色电视机、微型计算机、家用分体空调器等4件产品；青岛澳柯玛集团总公司的电冰柜1件产品。青岛以港口为主要载体的交通运输物流业发展迅速，旅游业发展强劲。2004年，青岛港口吞吐量1.63亿吨，其中，矿石吞吐量5 300万吨，列全国第一；进口原油吞吐量2 300万吨，列全国第一；外贸吞吐量1.2亿吨，列全国第二；集装箱吞吐量突破500万标准箱，达到514万标准箱，列全国第三。在旅游环境优化、节庆活动和会展经济等因素作用下，青岛的旅游业发展迅速。2004年，旅游总收入达207.56亿元，增长51.6%。

表4-14　　　　　　　　　青岛城市经济总量及其产业分布

主要指标		2004年	比重（%）	2004年占2003年的比率（%）
地区生产总值（亿元）		2 163.8	100	116.8
第一产业增加值（亿元）		161.8	7.5	112.72
第二产业增加值（亿元）		1 171.4	54.1	121.1
其中	工业增加值（亿元）	1 024.1	47.3	120.9
	建筑业增加值（亿元）	147.3	6.8	120.7
第三产业增加值（亿元）		830.6	38.4	114.2

济南是山东省的省会城市，是全省的政治、文化、科技、教育和金融中心，是山东省重要的综合性产业城市。济南产业发展呈现"三、二、一"的良好态势，三产比重较大，现代服务业发展迅速，产业结构比较先进。2004年，济南三次产业比例为7.3∶45.9∶46.8。金融业、商务服

务业和旅游业成为济南现代服务业发展的三大亮点行业。2004年，三大行业实现增加值299.5亿元，增长13.5%，在第三产业增加值中所占的比重为39.5%。

表4-15　　　　　　　济南城市经济总量及其产业分布

主要指标		2004年	比重（%）	2004年占2003年的比率（%）
地区生产总值（亿元）		1 618.9	100	115.6
第一产业增加值（亿元）		118.7	7.3	107.8
第二产业增加值（亿元）		742.4	45.9	119.8
其中	工业增加值（亿元）	616.8	38.1	122.0
	建筑业增加值（亿元）	125.6	7.8	124.0
第三产业增加值（亿元）		757.8	46.8	113.0

（二）未来环渤海经济圈产业合作的基本框架

　　区域经济的发展要求在一个更高的层次上对生产力要素资源进行整合和优化，同一区域内的各城市产业结构必须实现差异化。将来环渤海区域合作的关键是各城市有所为，有所不为，共同推进产业结构调整。各方需要合理确定自己的产业定位和结构调整方向，沿着中心城市与周边地区实行垂直分工，中心城市之间实行水平分工，中心城市优势企业采用放牌制造和设备参股等方式向周边地区转移传统产业项目，探讨区域产业集群发展的路子，在区域内打造相互依存、紧密衔接的产业链条，形成合理分工、互相促进的区域产业新格局。

　　未来环渤海区域产业合作的基本思路是：以启动京—津实质性合作和构建京津现代服务业中心为契机，以深化京—津—辽—冀—鲁制造业分工为核心，以区域制造业集群发展为支撑，突出京津的知识型、服务型和津冀、沈大、青济的资源型、加工型特色，促进上、中、下游产业共同发展，构建多层次、一体化的区域产业体系。

1. 京津唐城市群的主导产业：现代服务业、高新技术产业和钢铁石化产业。

作为全国政治、文化、经济调控、管理以及国际交往中心和知识型区域，首都北京要大力发展现代服务业和高新技术产业，成为全国知识经济基地，教育、文化产业、信息服务、高技术研发以及高级生产者服务业基地。天津要积极配合首都北京发展现代服务业，努力发展成为北方的商业和贸易中心，同时应成为北方重要的港口物流中心和交通枢纽。在发展服务业的同时，天津也要发挥自身的工业基础优势，重点依托滨海新区发展成为世界级的现代化先进制造业基地。河北要建设好华北地区重化工业及原材料、能源供应基地，同时也应成为华北地区现代化农业基地和重要的旅游休闲度假区域。

2. 沈大城市群的主导产业：装备制造业、原材料产业、物流、金融、旅游产业。

作为我国重要的原材料和装备制造业基地，沈大城市群具有雄厚的工业基础，特别是近几年产业结构的调整和优化已经初见成效，冶金、石化、机械等制造业优势更为明显。在未来的发展中，沈大城市群要在振兴老工业基地过程中，抓住世界产业结构调整，特别是日韩产业结构调整的有利时机，充分利用区位优势、资源优势和产业优势，加大对外开放和先进产业的承接力度，立足沈阳及其周边地区强力打造"辽宁装备"，集中力量搞好重型机械、造船等装备制造的配套研发，同时强调服务业的协调发展，立足大连及其周边地区，通过制度和产品创新大力发展商贸、金融和旅游。

3. 青济城市群的主导产业：机械、家电电子、石油化工、轻纺、食品加工、旅游、物流产业。

青济城市群在机械、家电电子、石油化工、轻纺等方面有着良好的产业整合机会，未来可以通过资本重组、企业搬迁和产业调整，促进传统产业优势整合。该区域旅游资源丰富，统筹规划旅游路线，促进旅游业的发展也是大势所趋。

上述产业分工只能是一个基本的构想，在实践中，环渤海城市群的产业分工与合作必须注重多层次的衔接。由于产业发展的动态性体现在许多不同的方面,所以产业结构的差异化也就呈现出一定的多层次性:可以是产业链条的差异化,可以是产业链条中某一环节的差异化,也可以是某一环节中不同工艺的差异。基于产业结构相似性的存在,环渤海区域内各城市群间的合作不能过于追求产业链条的差异化,而要力求多层次,可以将分工深化到每一个环节和工艺。

(三) 未来环渤海产业合作的前提:京津合作的实质性启动与京津现代服务业中心的建设

立足于环渤海区域合作的现状,我们认为,启动新一轮区域合作的前提是要实质性启动北京、天津两大城市的合作,共同建设国际化现代服务业中心,这其中,决定二者合作成功与否的关键便是要加强京津二市的三产分工。

1. 加长短板——京津分工的实质性启动和国际化现代服务业中心的建设

在上海对于长三角,香港、广州对于珠三角都产生了显著的"正拉动"效能的情况下,京津对于本地区则是"负拉动"——从这一地区抽取资源,却没有反哺区域经济。河北省与京津接壤的6个设区市中,贫困县有32个,贫困人口达到1 063万人。这从一个侧面可以反映北京和天津对于河北发展的辐射影响极为有限。相距130公里的京津两大直辖市对于区域经济的带动功能在竞争与较量中日渐抵消。各自为政的现代化规划很少能够从地区发展的层面审视自身城市的发展,更无法以整体观念解决地区问题。为更好地活跃环渤海地区发展,推动区域经济一体化,需要区域内自觉地互补协调,这其中的重要一环便是要加强两大区域中心城市——京津的统筹管理,启动京津实质性合作,加长区域合作的短板。

整个经济可以分为四类:第一种是研发型经济,可能会很小,比如像硅谷,但是驱动整个经济发展的动力。第二种经济是商务型经济,不论在哪里制造产品,都会拿到这里来交易,会形成一个集中的交易市场,以这里的交易标准为标准。该地区的交易机制会形成很大范围区域的交易规则和交易模式,在相当大程度上决定着整个市场的价格水平。第三种经济叫制造型经济,本身不进行研发或者进行交易,它主要是工厂的概念,定单的单主决定了你的生产,所以这种企业不是交易主体,基本上是被动的。第四种是消费型经济,消费品进入这个市场,人们进行购买,但是所有的东西基本上都不是自己造的。为共同建设国际化现代服务业中心,需要突出北京的知识型和科技型特色、天津的港口型和外向型优势,建设集研发型、商务型和消费型于一身的服务经济体。

在国际化现代服务业中心建设的过程中,需要突出北京研发中心的地位。新型工业化道路及自主创新战略的出台,对创新型服务业,特别是创新型生产服务业创造了巨大需求,为北京研发产业的发展提供了重要契机。研发产业是运用知识、技术与信息,从事研发活动,提供智力成果和服务的行业。研发产业作为现代服务业的高端部分,它是伴随着科学技术发展及应用和产业衍生而出现的,它以研发外包为其形成的主要微观基础,以知识、技术和信息的创造与运用能力为主要竞争力来源。[①] 服务业正在成为国际转移的新热点,转移速度加快,规模和范围扩大。北京以其丰富的科技资源和高水平的人才,正在成为国际高水平服务业转移的重要承载地,为北京在更大范围、更宽领域和更高层次上参与国际分工合作,促进现代服务业与国际接轨、扩大服务贸易、提升服务业竞争力提供有利契机。北京高新技术产业的制度建设和实践发展都取得了重要成果,但不容否认的是,北京市高新技术产业虽然在全国处于领先地位,但领先优势并不明显:企业研发和自主创新能力不足,自主知识产权和国际品牌很少;高新技术产业内部电子信息行业仍是一枝独秀,经济总量有待扩大;开发国际市场任务艰巨。理论和实践都表明,要解决高新技术产业发展中的这些问题,只有高端服务业——研发产业才能提供直接的有力支撑。

---

① 我国学者于 2000 年开始使用"研发产业"术语,如胡鞍钢认为,随着以知识为基础的经济发展的进一步深化,决定一个国家或地区三方面知识能力的将是三个新兴的产业:研发(R&D)产业、教育产业和信息产业(胡鞍钢,2000)。R&D 产业的地位可以用 R&D 产业的"产值"比重为指标来衡量,即 R&D 产业"产值"占国内生产总值(GDP)的比例(高汝熹,2001)。有些学者认为,完全可以预料,R&D 产业的发展必将对我国区域经济的发展产生深远的影响。从发展的长期趋势看,R&D 产业将成为主导区域经济格局变动的一个关键性因素(覃成林,2002)。

2. 京津三产分工的深化。

为共同建设国际化现代服务业中心，北京和天津需要在现有基础上进一步深化三产分工。北京目前已经初步形成了以文化、教育、新闻和出版业为优势，以金融、房地产、新兴商业业态、物流业及现代知识服务业为支柱，体育休闲娱乐业、旅游业、会展业、社区服务业、信息服务业、商业和餐饮业为基础的三产格局。金融保险业在三产中处于第一的位置，未来发展前景看好。作为传统的商贸中心，天津的服务业基础也较为雄厚。2003年，天津三产实现增加值1 112.71亿元，比上年增长11.8%，GDP占比为45.5%，交通邮电仓储业、批发零售贸易餐饮业、房地产业和金融保险四大支柱行业占全市服务业的比重达到62%。但北京和天津的三产发展在结构上存在很大的相似性。依据2002年数据所计算的区位商数据也显示，京津二市的第三产业主导行业基本相同。京津在金融保险、仓储等主要面向企业经营服务的生产性服务之间的竞争势必会影响到环渤海区域合作的深化，未来必须要各有侧重。

比较而言，北京发挥了人流、资金流、信息流中心的作用，天津则扮演了物流中心的角色。现实中，北京第三产业的总体优势明显，发挥着全国性服务中心的职能作用；天津在第三产业的服务输出上，总体明显弱于北京，主要为大区服务。但北京以物流为基础的劳动密集型三产行业处于绝对劣势，如水上运输业；或处于显著相对劣势地位，如仓储业、批发业。天津则在以人流、知识为基础的资金密集型、知识密集型服务业方面相对于北京劣势十分突出，如出版业、科教文、旅游业等，但一些物流行业相对于北京处于绝对优势或相对优势地位。

城市的流通率是构成城市生产力的重要部分，城市的流通率取决于城市的规模、结构和它的营销理念。在发展现代制造业的同时，天津要逐步把注意力从制造业转向流通业，通过壮大流通业来调整制造业。天津除了依靠自己目前的产业之外，应该在兼顾周边产业发展的同时，利用自己的区位优势更多地发展外厂外销的过境贸易。[1] 在北京和天津存在科技资源

---

[1] 在货运量相差不大的情况下（2003年，北京货运量为30 729万吨，天津为32 014万吨），两地的货物周转量却相差甚远（2003年，北京的货物周转量为462.5亿吨公里，天津则为6 521.1亿吨公里）。

配置能力各有侧重的情况下①，未来，京津联手发展第三产业应该遵循以下思路，进行分类分工：

一是绝对分工。本市只发展适合本市发展条件的行业，另一方需要从事对方进行单向服务输入的行业，如北京的医疗服务业和天津的水上运输业。

二是相对分工。两市都发展在两市都有发展条件但存在差异的行业。如仓储和批发业、出版业、计算机应用服务和银行业等。

三是都发展宜区域化产业。都发展集聚经济、网络经济要求明显的行业，如旅游业、保险业、教育、文化艺术业、科学研究等行业。

（四）未来环渤海产业合作的核心：京津辽冀鲁工业协作的深化及其工业集群化道路

只有发展制造业，才能完成环渤海的工业化进程，并促进服务业的发展。环渤海区域的工业发展意义重大。随着农村劳动生产率的提高，势必会有大量的农村富余劳动力被释放出来，如何疏导并消化这支劳动大军，将是环渤海区域所必须面对的问题。解决问题的途径只有一条：继续工业化。未来，环渤海要引导和鼓励区域内产业的分工、转移和调整，特别是要进一步深化区域内的工业协作，要根据各地区的比较优势，通过政策鼓励和引导要素流动，促进区域内工业结构调整和产业布局优化，以国际、国内市场为导向，培育若干具备国际竞争力的工业产业集群和品牌产品。

1. 京津辽冀鲁各自的工业行业选择。

京、津、辽、冀、鲁在长期的发展中逐步建立起了自身相对独立的工业体系，各自拥有一定量的优势产品。

---

① 北京科技成果产出效率高，天津科技成果产业化效率高。北京2001年每亿元科技经费内部支出平均产生的发明专利授权数为6.61件，每万名科技活动人员平均产生的发明专利授权数为39.32件，均居全国首位。天津2001年每亿元科技经费内部支出平均产生的新产品产值为9.38万元，名列第一，每万名科技活动人员平均产生的新产品产值位列全国第二。

表 4-16　　　　　　　京津辽冀鲁工业发展比较（2003 年）

	指标	北京	天津	河北	辽宁	山东
全部国有及规模以上非国有工业	企业单位数（个）	4 019	5 341	7 923	6 842	16 177
	工业总产值（亿元，当年价格）	3 810.36	4 049.61	5 708.76	6 112.96	15 379.54
	轻工业比例（%）	21.24	27.05	28.36	16.65	40.80
	重工业比例（%）	78.76	72.95	71.64	83.35	59.20
主要优势工业产品		集成电路、微型计算机、汽车、金属切削机床、钢、啤酒、塑料	烧碱、纯碱、轿车、大中型拖拉机、原盐、房间空调器、原油、成品钢材、集成电路、塑料	生铁、钢、成品钢材、平板玻璃、纱、布、机制纸及纸板、原盐、卷烟、电、水泥、纯碱	金属切削机床、微型计算机、啤酒、家用电冰箱、彩电、天然气、生铁、钢、成品钢材、平板玻璃、纯碱、塑料	水泥、原盐、金属切削机床、啤酒、卷烟、家用电冰箱、空调器、洗衣机、彩电、原煤、原油、电、生铁、成品钢材、平板玻璃、硫酸、化纤、纱、布、丝、机制纸及纸板

资料来源：《中国统计年鉴（2004）》、《北京统计年鉴（2004）》、《天津统计年鉴（2004）》、《河北统计年鉴（2004）》、《辽宁统计年鉴（2004）》、《山东统计年鉴（2004）》。

　　山东、辽宁与河北的工业实力较强，其工业总产值远超过北京和天津；老工业基地辽宁的重工业比重远远高于其他省市，装备工业优势明显，轻工业比重偏低；山东庞大的工业总产值主要依托于轻工业的发展，从轻重工业比例看，山东的工业结构最优，家用电器制造优势最为突出；河北的工业总产值虽比不过山东和辽宁，但其钢铁产业和建材产业的发展却在全国享有较高地位，主要产品产量居全国第一；作为直辖市，北京和天津的重工业比重明显偏高，轻工业相对不足，尤其是北京，重工业比重过高，工业发展后劲明显不足，天津的主要工业产品除轿车外其他产品优势尚不明显，潜力型优势产品尚待培育。

2. 环渤海工业振兴的不二选择——工业集群化道路。

随着宏观经济格局由总需求过旺转向总需求不足,买方市场继续向各领域延伸,并成为市场供求关系的主体,区域之间、城市之间、企业之间的经济竞争更加激烈,我国经济进入一个全面竞争的环境。由于市场竞争的加剧,为了在有限增长的市场需求中争取更大的份额,企业越来越依赖于产品的不断创新和技术的不断进步,越来越依赖于分工的细密及协作范围的广阔,即产业素质的提高和生产体系的完善。随着区域竞争的加深,为降低各种生产要素成本、刺激创新、提高效率,大量相关企业要以主导产业链为基础,在特定的地理范围集中形成有机的产业群落。这种产业集群以其地理集中、专业灵活、创新环境、合作竞争的优势,提升了整个区域的竞争能力。有竞争力的产业集群正在成为区域长期经济增长和繁荣的源泉。

区域的产业竞争力最终要看能否形成产业集群。日本丰田轿车零储存的实现依靠的是它 200 公里范围内的 400 多家零部件配套企业,每家配套企业在多少时间内将零部件运到哪个地点都有严格规定。目前环渤海区域的主要工业项目都要到外地去寻找配套,产品成本高居不下,竞争力实难提高。虽然环渤海区域具备了形成产业集群的要素优势,但一体化经济仍然处于初级发展阶段,区域内经济竞争的动机强烈,区域壁垒导致产业难以实现优势互补,没有形成在国内具有市场竞争优势、关联程度高的产业链,阻碍了生产要素跨地区优化组合和产业集群的发展。着眼未来,区域内各省市应放弃单体竞争的思想,在充分考虑各地已有产业基础和适宜条件的前提下,通过协商,使各地具有竞争优势的产业朝着规模经济和范围经济的方向发展,围绕优势产业形成产业集群。①

(1) 京津电子信息产业集群。电子信息产业作为京津地区最具优势和实力的高新技术产业,门类比较齐全,包括软件、通讯、广播器材、电视、计算机、测量仪器、电子专用设备、电子医疗设备、电子元件、半导体分立器件、集成电路、电声器件、光通信、无线通讯、电力电子等多个行业;从电子信息产业的研发、生产到销售、服务各大环节,都具有较大

---

① 参见 [日] 小岛清:《对外贸易论》,南开大学出版社 1987 年版,第 220 页。

的产业规模和市场份额，且在很多重点领域和关键环节在全国处于领先地位，竞争优势明显。

2004年，电子信息行业继续发挥了北京工业发展的主力军作用。全年电子信息产业实现增加值244.2亿元，比上年增长14%，占高新技术产业增加值的比重为65%，占整个工业增加值的比重为19%。北京是国内最大的软件研发基地，软件产品出口位居全国第一。2004年，北京软件销售收入达520亿元，同比增长35%，占全国的25%。中关村科技园区是全国最大的电子信息产业科研、贸易、生产基地。2003年，中关村科技园区实现增加值608亿元，其中电子信息占了56.6%。

表4-17　　　　　　　　北京工业高新技术产业增加值

项　　目	2004年	2003年	发展速度（现价）
高新技术产业增加值（亿元）	377.7	320.8	117.7
电子与信息	244.2	214.3	114.0
生物、医药技术	33.2	28.1	118.0
新材料	40.3	28.8	140.2
光机电一体化	47.6	38.8	122.6
新能源、高效节能	3.0	2.2	137.7
环境保护	1.2	1.1	112.3
航空航天	8.2	7.6	108.0

天津是全国最具有竞争力的电子信息产品制造基地。国内市场上每10部手机中就有4部是天津生产的，90%的摩托罗拉手机出自天津的工厂，录像机占全国的近60%，显示器、电子元件、传真机等产品的产量也在全国占有较大比重。天津还是韩国三星集团在中国最大的生产基地。滨海新区是全国最大的电子通讯设备和液晶显示器的生产基地。2003年，滨海新区完成工业总产值2 133.21亿元，占到全市工业总产值的48.8%。

京津地区电子信息产业的优势领域主要集中在软件、计算机、移动通信、网络、集成电路、电子元器件以及信息服务，优势环节主要集中在总部与研究开发、市场销售等关键环节上①。将来，北京要充分发挥其研发

---

① 李国平、卢明华：《北京高科技产业价值链区域分工研究》，载《地理研究》2002年21(2)期，第228~238页。

能力强的优势,确立研发中心的地位,逐步淡化电子信息的制造色彩;中关村科技园区要着力开发拥有自主知识产权的电子信息技术及产品,以高端研发服务于京津冀、全国乃至全球;北京经济技术开发区则要逐步从加工型制造向商务服务功能转型,成为电子信息高端产品的制造和交易基地。天津则应利用滨海新区制造业基础好的优势,发展成为电子信息产品的制造基地,形成与北京配套良好的产业体系。在此基础之上,将协作配套关系向河北等周边地区延伸和扩展,奠定和巩固中国北方电子信息产业基地的地位。

(2) 沈大装备制造产业集群。装备制造业是带动整个国民经济发展的基础性产业,是火车头产业,是为国民经济各部门进行简单再生产和扩大再生产提供装备的各制造业的总称①。装备制造业承担着为国民经济各部门提供工作母机,带动相关产业发展的重任,是工业的心脏和国民经济的生命线,是支撑国家综合国力的重要基石。

沈大城市群地区的装备制造业基础好,产品门类齐全,技术力量雄厚,其中金属切削机床、高精度机床、数控机床、制冷空调设备、水泥设备、冶炼设备、矿山设备、民用钢质船舶等具有相对优势,在全国占有重要地位。沈阳素有"东方鲁尔"、"共和国装备部"的美誉,装备制造业始终在该城市的经济发展中占据主体地位、起着主导作用。"一五"时期,从战略布局出发,国家对辽宁省工业建设投资额达46.4亿元,占同期全国工业投资总额的18.5%。国家将全国156个重点项目中的6个、694个限额以上项目中26个放到了沈阳,围绕航空、机床、风动工具、电线电缆、重矿设备和通用机械、电力机械设备等领域重点发展机器制造工业。到20世纪90年代初,在全国165个工业门类中,沈阳有142个,在全国有能力生产的210余种成套设备中,沈阳占1/3,形成了实力雄厚、门类齐全的工业体系,具备了装备制造产业集群的雏形。

目前,我国正处于重化工业时期,装备制造业正处于融入信息技术和高技术的巨大变革之中,沈大城市群地区应利用已有的产业基础,在优势领域着力开展自主开发和创新方面的合作,成为高端产品的研发和制造基地,并且将吉林作为产业配套和协作基地,延伸区域产业链条,力争在世

---

① 从国民经济行业划分的角度看,装备制造业的范围大致包括金属制品业、普通机械制造业、专用设备制造业、交通运输设备制造业、电气机械及器材制造业、电子及通讯设备制造业等。

界装备制造业竞争格局中占有一席之地。

表4-18　　　　　　　沈阳部分国有大中型装备制造企业

沈阳飞机工业集团有限公司	沈阳黎明航空发动机集团有限公司
东软集团有限公司	沈阳新松机器人自动化股份有限公司
沈阳鼓风机股份有限公司	沈阳电机股份有限公司
沈阳变压器有限公司	沈阳机床股份有限公司
沈阳金杯客车制造有限公司	沈阳石蜡化工有限公司
沈阳重型机械集团有限责任公司	沈阳矿山机械集团

（3）青济信息家电产业集群。电子家电制造已经成为中国制造业的一张名片。青济是全国重要的家电、电子生产基地，海尔、海信和澳柯玛并列成为青岛家电的"三驾马车"。随着"大项目—产业链—产业集群"的构建，青济城市群信息家电产业集群正逐渐壮大。海尔模式就是典型的名牌叠加型的产业集群。目前，海尔在青岛及其周边地区累计吸引供应商74家，其中有以三洋、爱默生等为代表的海外知名企业33家，国内龙头企业24家。许多国际和国内大企业纷纷把代表核心技术水平的研发中心转移到青岛，从而搭建出一个集研发、制造、采购、物流等于一体，辐射力强大的信息家电产业集群。

立足现有的产业集群基础，未来，该地区家电电子产业集群的发展需要主抓两件事。一抓龙头企业。要加强对海尔、海信和澳柯玛等现有龙头企业及其工业园区建设的扶持和服务，促使其再上档次、再上规模。做大做强新岛理光、松下电子、日立空调等新兴电子企业，形成新的龙头带动。二抓高端产品。在家电产业方面重点发展等离子电视、数字电视、多媒体家庭影院、环保冰箱等高科技产品，并围绕终端产品引进和发展压缩机、蒸发器、减速器、温控器、冷凝器、负离子发生器等配套型生产企业。

（4）津冀冶金和石油化工产业集群。北京、天津和河北均有着不错的冶金产业基础。首钢是国内最大的线材生产基地，产品覆盖板、管、型、带、线、丝等类型。天津有钢管公司、冶金公司和天冶集团。目前，天津正在对冶金工业进行改造提升，将成为全国最大的无缝钢管生产基地。在河北，则分布着铁矿基地迁安以及唐钢、邯钢、宣钢等中小型钢铁企业。2003年,河北的钢和成品钢材总量均居全国第一。与此同时,北京的首钢正在搬迁。从全国范围看,2004年,华北地区是钢材产量增长最快的地区,截止到11月底,华北地区钢材产量同比增长达到了28.28%,华北地区的钢材总增量超过了全国钢材增量的1/3。今后,这一区域的冶金产业应主要向河北唐山方向集聚,打造唐山钢城。

石油化学工业在北京和天津同构发展,成为各自的传统支柱产业,河北在石化工业的发展方面则潜力巨大。北京有燕山石化,原油加工能力为950万吨/年,乙烯生产能力为45万吨/年,是目前中国最大的乙烯生产商之一、最大的塑料与树脂生产商、最大的合成橡胶生产商、最大的基本有机化工原料生产商、最大的润滑脂生产商、最大的化纤地毯生产商。天津拥有丰富的石油资源,是全国最大的化工基地之一,目前正在建设世界级的大炼油、大乙烯项目,同时带动海洋化工的发展。从区域整体角度出发,北京未来不应再扩大目前的石油化工产业的发展,石油化工应逐步向天津和河北的唐山和沧州方向转移,建设天津和曹妃甸大石化基地。

(5)京津汽车产业集群。京津地区的汽车产业近几年发展迅速,实力不断增强,尤其是随着现代集团和北汽合作以及丰田、一汽与天汽的合作之后,产业规模不断壮大,产量迅速提升,汽车产业的总产值迅速增加,不仅成为全地区工业的重要支柱产业,同时也成为该地区经济的新增长点,在全国的地位也在快速上升,汽车产业产值以及汽车产量比重都得到不同程度的提高。

表4-19　　　　　　　　四大地区汽车工业发展比较(2003年)

指标(%)	吉林	上海	京津	湖北
总产量占比	14.4	13.2	9.9	8.3
销售收入占比	15.73	16.46	4.75	13.7
利润占比	13.00	38.57	5.24	3.18

数据来源:《中国统计年鉴(2004)》。

2003年,京津汽车产量达到52.05万辆,汽车工业实现产值396.7亿元,整车的产量和实现利润仅次于上海和吉林,位列全国第三,销售收入仅低于上海、吉林、湖北三省,位列全国第四。目前京津地区形成了以北京现代、北京奔驰—戴克、北汽福田、天津一汽丰田、天津一汽夏利、

第一部分　环渤海经济圈区域经济一体化研究

天津一汽华利等核心汽车制造企业和100多家零部件配套企业以及近50余家汽车经销与服务企业组成的庞大的汽车生产、经销与服务体系。

京津地区汽车品种齐全，以轿车生产为龙头，产品涵盖环保经济型轿车、轻型载货汽车、轻型越野车、轻型客车、公交大客车、高档大客车、专用汽车、电动汽车等类型，其中轿车和轻型货车产销量位居全国前列。京津地区是全国轿车生产基地之一，2003年共生产轿车247 299辆，其中北京生产74 827辆，天津生产172 472辆；合计轿车产量仅次于上海和吉林，居全国第三位。除轿车之外，京津地区的轻型货车产销量较高，位居全国前列。2003年，北京轻型载货汽车产量达到21.6万辆，国内市场占有率达到30%。北京专用车企业的产品以轻型、中型车辆为主，许多产品正处于换型期，在全国市场的占有率一直稳定在4%左右，在北京市场的占有率为70%左右，北京的环卫车辆在北京市场占90%以上。

顺义、亦庄和泰达三大汽车基地建设加快，京津汽车产业集群初步形成。北京市规划在顺义和亦庄分别建设北京汽车生产基地，怀柔、密云、昌平、平谷、通州和大兴作为两大汽车生产基地的辐射区，将积极发展汽车零部件业，为两大基地的整车制造进行配套，从而发挥汽车产业的关联带动作用，促进各区（县）经济协调发展。顺义汽车城将通过生产轿车和越野车，带动发动机、变速箱、车桥、底盘、内饰、灯具等零部件产业的发展，形成数个整车厂，数十个零部件厂，形成集产品开发、生产销售、金融保险、服务贸易于一体的汽车工业生产基地。奔驰项目在亦庄汽车基地的顺利实施，将使北京汽车工业具有生产高档轿车的能力，带动周边通州、大兴等地区汽车配套产业的发展。随着2003年天津一汽丰田增资3.1亿美元在天津经济技术开发区（泰达）建成二期项目，重点生产皇冠等中高级轿车车型，以及丰田整车厂落户天津泰达，众多一级、二级、三级，甚至更小的汽车配套商也纷纷入驻。天津经济技术开发区已有日本爱信、富士通电子、东海理化、矢崎汽配等近30家丰田配套商，同时一批韩国汽车配套企业也涌入开发区，它们一方面供应北京和天津的整车制造商，一方面借助天津的港口优势返销韩国等国际市场。天津经济技术开发区还在武清逸仙工业园建立了开发区汽车配套工业园，已有韩国知名的汽车零部件生产企业平和产业、平和机工等在该工业园落户。随着天津汽车制造业重心的东移，泰达将形成中高档轿车生产基地。

五、

环渤海区域合作中主导性的市场力量

区域经济一体化的基础是经济运行机制的协调。要形成顺畅的区域经济合作渠道，环渤海面临的首要问题便是要促成发达市场的生成。为发挥市场配置资源的基础性作用，环渤海需要坚持以经济利益为纽带，以企业为主体，鼓励由行业协会牵头，鼓励社会投资和民营企业参与到区域合作中来，通过市场的作用打破行政区划带来的体制性障碍，使要素和商品能更加自由、更加快速、更加有效地流动，建立灵活务实的区域经济合作机制。

（一）环渤海地区市场分割的现实及其地方性企业和行为

环渤海区域内各地方市场关联程度低，由于缺乏统一规划、统一政策、统一制度，要素和商品市场尚未以整个区域为载体来运行，制约着城市群的统一市场体系的发育。"开放已经给中国带来了很大好处，但是如果开放成为一种难以忍受的负担，那么对中国的好的劝告是暂时以内部为主，直到国外的被动结束。国内市场是如此的巨大，其容量足以为高水平的经济活动提供空间……"① 在强调扩大国内需求、以内部发展为根基的

---

① 劳伦斯·克莱因：《中国经济的稳定扩展》，载李京文、汪同三主编：《中国经济增长的理论与政策》，社会科学文献出版社1998年版，第38页。

新形势下，消除市场分割问题对于现实经济生活正常运行的干扰就成为当前环渤海各地方政府作用的题中应有之义。各省市仅仅从自身利益出发招商引资、发展经济，彼此之间是一种对完整企业、完整项目和完整市场的争夺关系——一个企业或项目，要么到你那里，要么到我这里；一个市场，要么接受这种产品，要么封杀这种产品……这种"二择一"的竞争关系，使区域之间摩擦增多，难以形成类似于"珠三角"、"长三角"内部出现的"总部—加工基地"的功能分工关系。北京作为环渤海的中心城市，拥有丰富的总部资源，包括丰富的科研成果，但是这些成果不得不舍近而求远，在合理的配套半径之外，到全国各地，包括到"珠三角"、"长三角"进行产业化，这就不得不增加了成果的转化成本和资源的配置成本。同时，由于产业配套体系的欠缺，又进一步限制了制造业企业的总部资源向这个区域的流动。

如此形势下，环渤海的大多数企业只能囿于本行政区的市场范围而动，规模再大也只能称其为地方性企业，其一系列的生产经营活动只是在地方化进行：销售行为的地方化、劳动力使用的地方化、原材料采购的地方化、资金融通的地方化等等。为支持本地汽车产业的发展，北京和天津对于本市出租车型的选择存在严格限制。类似的现象不仅存在于汽车行业，在电子信息等领域也分布甚广。地方保护主义在环渤海地区仍较为盛行。

所以，区域协调发展的重要内容就是打破市场分隔，统一产品市场与要素市场，促进产品与要素的自由流动，在区域间经济联系扩展到每一个层面的同时，力求更大范围内的资源优化配置，为企业选址、迁移和产业链调整创造条件。然而，环渤海地区要素市场很不完善，特别是资本市场，制约了资源的合理流动和优化配置。目前，国有资本主要集中在公共事业和基础设施领域，外国资本主要在高新技术和先进制造业领域，民间资本主要配置在一般制造业领域。大部分地方对于外资、台资和港资能给予优惠的待遇，都漠视外地投资。

(二) 环渤海区域合作中的市场统一化和企业行为市场化

构建统一的市场网络,以市场一体化为核心推动环渤海区域经济一体化发展。环渤海区域需要培育一体化的消费品市场、资本市场、技术市场、劳动力市场,特别是人才市场和统一的产权市场,实现产业要素的快速集中和自由流动,借助发达的交通体系和信息渠道,推进要素流动市场化和信息透明化,并在此基础上形成若干技术链、产业链、价值链,进而形成若干产业集群、产业带,由此保障企业资源配置机制的市场化。

按照市场经济的方向和加入WTO后的形势,环渤海要尽快建立能与国际接轨的市场运行规则,统一市场准入和市场退出机制。在市场准入机制上,要在各省市协同的基础上,以立法形式确立统一的市场准入规则,消除条块分割的市场壁垒,打破地区垄断,营造公平的市场竞争条件,形成对本地企业和外来企业一视同仁的公平竞争的格局。在市场退出机制方面,应对政府与企业的关系进行统一规范,加快优势企业扩张和劣势企业退出。

环渤海需要加大区域内商品和要素流通的广度和深度。区域内各主要城市可实行工商联手,互设商场、市场、联销店、专卖店,定期或不定期召开各种类型的交易会或订货会。各大中城市要发展相当规模的各类专业服务和文化旅游市场,培育和完善特大城市和大城市的要素和商品市场体系,在此基础之上,再立足中小城市和城镇建立要素和商品市场的各级网络。

区域合作,市场是载体,企业是主体。区域经济的发展,归根到底来自各个企业的行为,企业作为区域经济运行的最基本单元,它的发展变化是区域经济发展的综合体现。随着企业在市场经济中的主体地位要求越来越高,行政区域的界限已难以割断利益诱导下的资源流动,成长起来的企业必然会通过跨地域的横向经济联合来拓展自身的空间,由此区域产业的集团化发展趋势也必然会加强。为满足企业不断拓展发展空间的需要，目前环渤海要提倡通过组建一些民间协调机构，超越地方性行业协会的局限性，联络区域内的主要企业，沟通经济信息，筹划跨地区、跨行业的企业合作与开拓国内国际市场的有关活动，促进地区内外要素流动与合理配置，帮助具有扩张潜力和要求的企业做大做强，使之成为地区经济协调发展的支柱性企业，从而提高区域产业一体化水平。

（三）环渤海经济振兴中的金融创新及其产业引领作用

产业的发展离不开成功的资本运作。只有通过资本纽带的作用才能带动资源的整合和有效运转。金融支持经济，主要有两种模式：一是需求引致性金融。它是指经济发展产生新的经营需求，引致金融体系对需求做出反应。二是供给先行金融。它强调金融供给的先导作用，金融服务领先于实体经济部门的需求，通过金融创新服务，发展多种金融中介机构，开发多种金融产品，激发企业开展创新型投资，将资源从传统部门转移到现代部门，促进产业结构升级。

环渤海地区金融资源丰富，但配置效率较低，不能适应区域经济发展的要求。在竞相招商引资的同时，2003年环渤海地区实现存差14 746.7亿元，储蓄投资环节尚不够畅通。环渤海资本市场的发展也存在配置效率低下问题。以股票市场为例。环渤海地区的股票发行市场相对比较发达，与长三角等地区相比首次发行额度较大（2002年北京通过股票市场首次发行筹资额是上海的8倍多），通过发行股票筹集的资金居全国首位，但环渤海地区的再发行筹资和股票交易却落后于长三角等地区。在股市低迷的2002年，北京市的企业通过发行股票筹集资金208.81亿元，占全国股票市场筹资总额的17.51%。但2002年北京的股票市场成交额仅为6 051.71亿元，与同期上海、广东的股票市场成交额（13 277.10亿元和12 026.60亿元）相差甚远。

表 5-1　　　　　　　环渤海地区金融资源（2003 年）　　　　　单位：亿元

地区	GDP	存款总额	贷款总额	存差/贷差
环渤海	31 641.9	52 777.9	38 031.2	14 746.7
北京	3 663.1	20 243.6	11 853.2	8 390.4
天津	2 447.7	4 033.5	3 426.0	607.5
河北	7 098.6	7 120.0	5 062.6	2 057.4
山东	12 430.0	12 438.2	10 467.1	1 971.1
辽宁	6 002.5	8 942.6	7 222.3	1 720.3

数据来源：《北京市统计年鉴（2004）》、《天津市统计年鉴（2004）》、《河北省统计年鉴（2004）》、《辽宁省统计年鉴（2004）》、《山东省统计年鉴（2004）》。

表 5-2　　　　　　　股票市场筹资的地区比较（2002 年）

地区	筹资总额（亿元）		首次发行筹资（亿元）	再发行筹资（亿元）
	金额	占全国的百分比（%）		
北京	208.81	17.51	193.68	15.13
广东	77.42	6.49	61.45	15.98
江苏	45.96	3.86	17.75	28.22
山东	66.37	5.57	16.80	49.57
上海	188.98	15.85	24.13	164.85
深圳	47.13	3.95	34.47	12.66
浙江	40.73	3.42	3.21	37.52
天津	34.46	2.89	23.45	11.01

数据来源：《中国证券期货统计年鉴（2003）》。

针对环渤海地区的投融资环境和企业的现实需求，需要从引致性金融和供给先行金融两个角度同时强调金融创新和资本运作，促进金融界与企业界的结合，在产业、金融界和政府之间构建桥梁和纽带，带动整个环渤海地区产业一体化的深化。环渤海需要完善区域金融基础设施，建立健全区域征信体系和资信评估体系，建立统一开放和有序竞争的金融市场，以加快本地区高新技术产业的发展和提高外资利用质量。环渤海需要建立包括资金拆借、票据市场在内的区域性货币市场；推动债券市场发展，建立多层次的、功能完备的资本市场；建立发展区域性产权交易市场，整合存量资源。环渤海的研发力量充足，但产业化水平不足。为加快高新技术成果产业化，需要建立风险投资资金稳定增长机制，采用注入资本金、划拨

第一部分　环渤海经济圈区域经济一体化研究

资产、吸引民间资本入股等多种途径，壮大科技风险投资规模。环渤海地区需要有统一的资本市场运作以提高利用外资的质量。外商投资方式正在发生重大变化，开始逐步实施系统化和本土化战略，投资的产业集群化趋势越来越明显。外商投资正从一个点上升到一个产品或产业系统，并在零部件生产、人才、设计与研发等方面均实现当地化[1]。但环渤海当前吸引外商投资的方式还比较单一，与产业集群化发展大趋势不相协调。在发达国家吸纳国际资本的空间和能力比较强，发展中国家间吸收外资的竞争日趋激烈的情况下[2]，环渤海需要通过金融创新盘活存量资产、促进产业升级、做大产业集群，提高产业发展的本土根植性，从根本上提高利用外资的质量。

---

[1] 2004年天津开发区新批的8个世界500强企业项目中，大部分均属于汽车产业，主要是围绕丰田汽车项目汇聚的大批核心配套企业，其中有丰田集团和丰田下属企业直接投资的丰田一汽（天津）模具有限公司、天津丰田纺织汽车部件有限公司、天津丰通再生资源利用有限公司、天津丰通汽车零部件装配有限公司、天津丰田通商钢业公司。

[2] 据联合国贸发会议统计，2003年，世界各国出台了220项有利于吸收外资的法律法规，印度、泰国、越南、韩国等周边国家和法国、日本等发达国家，都竞相推出了吸收外资的新举措。

六、

环渤海区域合作中
先导性的政府力量

"世界不是既成事物的集合体，而是过程的集合体。"① 政府的行为可能会有偏差，它有可能会抑制市场竞争的活力，但没有政府却是万万不能的，环渤海区域合作深化的过程需要政府的积极参与。

（一）环渤海地方政府的一项长期任务

相对于其他地区而言，环渤海地区集体、纪律、组织观念强，政治观念历来更为强势，政治文明的相对发达在一定程度上压抑了商贾文化的发育，导致市场缺乏竞争压力，影响本地区企业的创新动力和产业升级能力。所以，环渤海地区更亟待商文化和平等文化的创新。为此，对于环渤海地方政府而言，一项长期的任务便是要注重培育创业意识和文化，弘扬独立企业家价值，营造区域创业氛围和经济生态。

一是培育创业意识和文化。环渤海区域要鼓励各种媒体对创业者、创业现象和创业精神进行多种形式的宣传，开展对创业意识、竞争意识和创新意识的大讨论，培育对创业失败的宽容文化，加强对居民，特别是下岗和待岗人员进行创业教育和培训。尊重包括个体户在内的各种创业者，充

---

① 《马克思恩格斯选集》第4卷，人民出版社1995年版，第244页。

分认识到企业家是促进环渤海经济和产业发展最稀缺的资源和最重要的力量,尽量减少"官本位"制度和意识对企业家的不利影响,提高企业家的社会地位,让企业家在社会生活中有更多更大的发言权,根据企业家所付出脑力劳动、心理劳动(承担风险和责任)和体力劳动的多少,使他们得到应得的回报。

二是改善投资环境,营造经济生态。改进行政服务是环渤海当前的首要任务,要倡导民营企业成立各种协会、商会,依托协会、商会在同业联盟、市场开拓、技术指导、管理创新等方面为民营搞好服务。各省(市)政府可集体组织各类博览会、展销会、订货会,帮助民营企业开拓市场,对于大型的民营企业实行贴身服务,做好基建、设备报批、产品出口等服务工作,突出个性化服务。

(二)环渤海地方政府近期作用的主要领域

近期,环渤海地方政府应主要围绕以下方面有所作为:

1. 制定一体化发展规划。

城市规划学家 L. 芒福德曾说过这样一句话:"真正有效的城市规划是区域规划"。不同的城市等级、不同的行政主体以及不同的功能区域,构成了区域经济一体化的复合体。推动环渤海地区的区域经济一体化,需要各等级城市制定一体化的、统筹地区发展的发展规划。要考虑城市性质、功能、目标、规模、布局等方面问题,打破行政区划的限制进行整体规划研究,适时制定《环渤海经济圈发展战略规划》,统筹协调自然资源、基础设施、城镇体系、产业布局等,引导资源实现有效整合。要在统筹全局的原则下,明确各区域的经济功能定位和产业重点,在规划中注意留出各城市发展的结合点和建设接口。

规划的关键不在于指定哪个行业、哪种产品,而是要把市场经济的基础机构建设起来,这才是政府最需要做的。环渤海经济圈一体化的发展规划不仅需要明确培育一体化的市场体系、建设一体化的交通体系,更要建立一体化的区域城市体系。以京津为中心,以大连、青岛为副中心,以沈阳、石家庄、济南为区域中心的布局合理、功能互补、联系紧密、协调发展的巨型城市体系的合理发展,需要倡导谁的实力大、谁才有可能成为中心城市的城市自生机制。要让环渤海地区的城市在竞争中做强,在融合中做大。当年咄咄逼人的南海、顺德两小虎现如今成了佛山的两个区,环渤海地区城市体系的发育与成长需要借鉴珠三角城市成长的宝贵经验。

2. 修缮网络型基础设施。

城市群经济的整体发展要求基础设施在空间上具有连续性。区域经济合作首先要整合硬件,基础设施一体化是搞好区域合作的基础性条件。环渤海当前要更加加速区域综合运输体系的建设与协调,构筑一体化的交通体系,打破行政区划的阻隔,促进跨区域运输发展,提升区域交通网络的便捷程度,加强区域中航空港、海港的有机联系,促进分工与协作,疏导人流、物流,在本区域内实现基础设施的共建、共享和共赢。

这里特别需要指出的是,在面临国外的日本神户、横滨和韩国的釜山、仁川等,国内的上海、连云港、湛江和防城港等激烈竞争的形势下,未来环渤海地区的港口建设需要一定的分工:在天津、大连、青岛拥有各自腹地、相互发展独立性较强的情况下,环渤海地区需要以专业化为基本思路强化三大枢纽港与其毗邻港口的分工与合作,即大连港与营口、锦州等港口之间的分工与合作,天津港与秦皇岛、唐山港等之间的分工与合作,青岛港与烟台、威海、日照等港口之间的分工与合作。①

一是天津、唐山、秦皇岛、黄骅港口群。这一港口群的关键是要实现天津—曹妃甸港口的一体化。天津是经营百年的大港,是中国北方最大的外贸港,其外贸吞吐量和外贸出口量均居国内大陆港口的前列。从经济技术实力和地理位置上看,天津港口理应成为中国北方的国际航运中心。但天津港的水域条件较差,人工维护航道水深 -10 ~ -11 米,很难满足枢纽港 -15 米以下水深的要求。曹妃甸距离天津港口 38 海里,有着极好的水域条件,作为天津港的深水外港,与天津港在开发条件上有着极好的互补性,天津—曹妃甸组合港完全有能力成为北方的国际航运中心。曹妃甸

---

① 参见肖金成:《环渤海区域的发展与港口的分工合作》,载《港口经济》2005 年第 2 期。

港建成后，主要担负石油、铁矿石及第4代以上集装箱洲际运输业务，这样环渤海内就有了可供现代远洋巨轮靠泊作业的港口，京津冀港口群的功能、结构会趋于完善。并且，京津冀三方共同开发建设曹妃甸深水大港，共同建设津冀临海产业带，将成为京津冀一体化的有力着力点。通过三方联合建设矿石和原油码头、构建京津冀一体化的海陆运输系统、共同开发建设临港重化工产业区，将全面促进京津冀经济的联合与合作。秦皇岛港拥有目前全国最大的自动化煤炭装卸码头和设备先进的原油、杂货与集装箱码头，是世界上最大的能源输出港之一，担负着我国北煤南运的重要任务，中转货类以能源和其他散货货类为主。将来，秦皇岛港要继续保持北煤南运领导者的地位，实现集装箱业务的跨越式发展，在21世纪初确立环渤海散货中心港地位。黄骅港口的建设要与沧州市的城市发展相结合，要依托港口发展起一定规模的化工产业，黄骅港还要发展专业化的煤码头，协助秦皇岛港保持北煤南运的优势地位。

二是大连、营口、锦州、丹东、盘锦、葫芦岛港口群。该地区的港口优化布局要和大连建设国际航运中心联系在一起，以腹地型与中转型相结合的复合型国际航运中心为目标，形成以大连为中心，以营口、锦州、葫芦岛和丹东、庄河为两翼的协同发展格局。国务院2003年已经批准大连建设国际航运中心的战略目标。大连港已基本形成以临港工业、商贸物流、金融保险及信息服务等为主导的产业支撑系统，基本完成以大型专业码头、深水航道、物流分拨中心和中转枢纽中心为代表的港口集疏运体系建设，5年之内大连将拥有国内最大、最先进的进口原油码头、矿石码头和集装箱码头。将来，大连要以腹地型国际航运中心建设为重点，主动协调好与其他港口的关系，将自己建设成为具有核心竞争力的主枢纽港。营口港现已建成集装箱、滚装汽车、粮食、矿石、煤炭、成品油和液体化工等6个专业码头，是目前第一大内贸集装箱疏运港，2004年吞吐量达到5 500万吨，集装箱运输量达到60万TEU。营口港需要继续完善基础设施建设，加强大宗散货和石化产品物流功能，成为辽宁中部地区国际国内贸易的主要通道。锦州港是一个大型油品化工港，未来需要加强散货物流功能以适应东北地区西南部和内蒙古自治区东部对外贸易的需要。丹东港是辽宁沿海港口群中惟一的东部港口，其通过水域联通朝鲜、韩国、日本、俄罗斯，具有独特的地理区位优势，未来要加快基础设施建设，增加吞吐能力。

三是青岛、烟台、威海、日照港口群。青岛港是中国第二大外贸口岸、第三大集装箱港。2003年吞吐量突破1.4亿吨,其中集装箱吞吐量达到420万标准箱。近年来,青岛港集装箱吞吐量以每年30%的速度增长。青岛港的当务之急是要与烟台、威海、日照等港口搞好协作,形成专业分工明确的港口群,其中要特别利用好日照港的港阔水深、港区面积大等优势,将煤炭、水泥等大宗散货转移到日照港区装卸,青岛港区则重点吞吐外贸集装箱货物。

3. 实现人才开发一体化,孵化与推广原创性技术。

统一人才市场、构筑人才信息平台,环渤海各行政地区人事部门应该在专业技术职务任职资格互认、异地人才服务、博士后工作合作、高层次人才智力共享、专业技术人员继续教育资源共享和公务员互派等制度层面展开合作,促进人才开发一体化。

现阶段,环渤海地区的研发投入以国家和地方政府投入为主,企业自身的研发投入严重不足。多年以来,北京高新技术产业的R&D支出与销售收入之比一直低于2%。1995~2002年,北京高新技术企业购买国外技术投资占购买技术总投资的比重均在90%以上,1997年和1998年甚至达到了99.5%以上。虽然企业自主研发在总量上有了一定增长,但对国外的技术依赖性仍过大。将来,环渤海要充分利用本地区丰厚的科技资源优势,在原创性技术的孵化与技术应用的推广方面联手提高自主创新能力,提升本地区的产业技术能级。

4. 建设可持续性区域生态环境。

整治环渤海区域生态环境,建设并保护好生态环境,尤其是保护、开发及合理利用好土地和水资源。要通过多种渠道,包括财政转移支付、国家投资和补贴,以及组建区域联合建设与保护基金等实现地区间的利益补偿,对于该区域的重要水源涵养区、水土保持的重点预防保护区和重点监督区、防风固沙区等重要生态功能区,建立省市级乃至国家级的生态功能保护区,制定环境保护管理条例,并加强对生态功能保护区建设与保护的监督。

（三）区域合作中的财政行为

基于效率的财政投资行为和基于公平的财政转移支付行为是区域合作中财政行为的两大基点。

重大的区域经济合作项目需要地方政府进行联合财政投资。基于区域联动效应的重大项目，一般涉及基础设施建设、生态保护与建设、重大科研开发、重大工程项目和一些新兴产业的投资项目等。通过这些项目的组织和建设，可以培植区域合作企业，有利于从根本上打破地方经济的狭隘限制。当然，这其中，财政投资只能作为一种先导性资金，要鼓励各种所有制企业参与到跨区域的经济合作项目中，使区域合作建立在市场经济的内在利益联系之中。"为了迎合个人需求而提供的服务，如果实行地方分权化，交给符合规模经济要求的最低一级的政府当局出资建设和管理，那么，公众将更容易理解提供更多的服务所带来的更大的成本费用，并因此更明智地调整、约束自己的需求"。[①] 在环渤海区域性设施和项目的建设中，中央政府应通过灵活的政策引导，发挥各地方政府的积极性。

在区域合作中还需要强调基于公平的财政转移支付行为。仅靠合作中的诚信是不能维持长期合作局面的，应该有一种制度安排，把区域合作建立在中央对地方、一区域对另一区域的利益合作与补偿的基础上。中央需要通过一定的政策供给促进理想中的区域合作的产生，一区域与另一区域相互之间的合作也应本着互惠互利的原则商议利益分享或补偿问题。这其中，就必然要牵涉到中央政府与地方政府纵向的、地方政府之间横向的财政转移支付。

---

① 威廉·刘易斯：《发展计划》，北京经济学院出版社1988年版，第107页。

第二部分

南水北调西线工程新构想：南水西调及其资金筹措

第二部分　南水北调西线工程新构想：南水西调及其资金筹措

　　水资源是影响我国未来经济社会和生态环境可持续发展的重要战略性资源。我国进入工业化中期阶段后，越来越面临着水资源短缺的困扰。我国水资源人均拥有量只有世界平均人均拥有量的1/4，而且空间分布极不均匀，北方地区水资源严重缺乏。早在20世纪50年代，毛泽东主席就针对我国水资源的空间分布特点，创造性地提出了南水北调的宏伟设想。经过50多年的研究论证，2002年12月以来，南水北调工程中的东线工程和中线工程已陆续开工。南水北调西线工程，目前虽然有许多单位和有识之士提出了不少方案或设想，但是仍然还有进一步研究探讨的余地，需要客观、科学、公正地研究。

第二部分　南水北调西线工程新构想：南水西调及其资金筹措

一、

现有的南水北调西线工程方案或设想及其评价

（一）南水北调调水研究的历史回顾

20世纪初，孙中山在规划中华民国的蓝图中，就曾在他的"建国大纲"里提出了"引洪济旱"、"引江济河"的主张。他是20世纪第一个长江水调黄河的倡导者，这种大胆的想像在今天看来也有一种恢宏的气魄。1931年，当长江洪水无情地淹没武汉，知名人士翁文灏、孙越琦和张冲等人怀着"治洪救民"的激情，向国民党政府提出了导出部分长江之水的"川水济渭"方案。他们说：像我们这样一个水资源十分贫乏的国家，怎么能每年放几千亿立方米的水白白流入大海。一定要实行孙文的主张："引洪济旱、引江济河！"4年后，1935年的一天，中国工农红军正在长征途中，毛泽东亲自去找驻扎在阿坝的张国焘，途中经过一个叫麦尔玛的村子，在村头的一个山丘上，他看到了山脚下的两条河流，一条往南，一条往北。有人告诉他，南面的流入长江，北面的则流入黄河。毛泽东突发奇想地说："从山中打个洞，长江的水就流到黄河了。"

新中国成立后，在百废俱兴之时，毛主席要在中国的版图上绘制这历史大手笔的杰作。1952年10月，毛泽东来到郑州并视察黄河。他对当时的黄河水利委员会主任王化云说："南方水多，北方水少，如有可能，借点水来也是可以的。"新兴的中国各项建设都需要水，工业、农业要迈大步，离开了水就是空谈，而北方干旱缺水则成了制约其发展的"瓶颈"。为了敲掉这个"瓶颈"，黄河水利委员会组织有关人员在长江和黄河上游进行了一系列的勘察和研究，最后确定了一条从长江通天河至黄河多曲的引水路线。当时被称为"引水济黄"。1953年5月22日，毛泽东再次批示："南水北调工作要抓紧。"一支由几十人组成的水利工程人员迅速开往汉江流域，这次大型考察由林一山亲自带队。这支队伍在考察中确立的第一个方案是在汉水上游的洵河之下修起250米高的大坝，然后打一条80公里的隧道，纵穿秦岭，引水经渭河抵达黄河。后来他们又发现在伏牛山脉与桐柏山脉之间有一低洼缺口，如果在丹江口建成水库就可以通过这个缺口再经许昌、郑州附近把水引到黄河。林一山及时写信将这一方案向毛泽东作了汇报。

新中国成立后近10年的时间中水利部门设计了多种调水方案，黄河水利委员会经过一番艰苦的考察之后，提出了一套由通天河引水到黄河源头的方案。与之相对应的是，长江水利委员会马不停蹄，也在丹江口引水方案的基础之上又研制了从三峡引水到丹江口的补充调水方案。别外，也有人提议，能否选择古老的京杭大运河作为南水北调的一个线路。改革开放初期，南水北调问题再度成为热点。水利部专门成立了南水北调规划办公室，以协调各条线路的前期研究工作。近几年来，南水北调的前期研究工作更加深入、细致，可操作性大大加强。这当中主要有"三线"方案，即东线、中线、西线方案。

东线试图利用京杭大运河的线路进行南水北调。由淮河水利委员会研制。目前江苏已经建设了一部分工程。利用这个线路可以把长江水从扬州送到苏北、安徽、山东、河北等缺水的地方，年调水量可达200亿立方米，是一个可选线路。当然它也存在着一定的问题：由于该处立于长江下游，水污染是一个不容忽视的不利因素；也有人提出：用电机提水很可能引起长江口的海水倒流，从而影响水质变化。

中线经过长江水利委员会近10年的考察、研究，其蓝图已经绘就。南起丹江口水库，北至北京玉渊潭，走经太行山脚下，大致与京广铁路线平行，全线1 200公里，可解决华北缺水的问题。其间落差只有100米。

西线经黄河水利委员会十几年的考察研究，也确立了调水方案。它位

第二部分　南水北调西线工程新构想：南水西调及其资金筹措

于海拔 4 000 多米的青藏高原，其取水河段是：通天河的楚玛河段，雅砻江石渠，大渡河上游足木足河段。可通过打隧道提水的办法引水到黄河，解决黄河沿线的城乡用水，年调水量为 195 亿立方米。西线的不利因素主要是施工难度大。

根据水利部《南水北调工程总体规划（汇报材料）》（2002），南水北调工程分为长江下游的东线，规划年调水量 148 亿立方米，干线长度 1 857 公里，静态总投资 415 亿元，实施时间 2002～2030 年；长江中游的中线，规划年调水量 120 亿～130 亿立方米，干线长度 1 421 公里，静态总投资 1 161 亿元，实施时间 2002～2050 年；长江上游的西线，规划年调水量 170 亿立方米，干线长度 1 072 公里，静态总投资 3 040 亿元，实施时间 2011～2050 年。

时间随着滔滔东去的江河流淌了整整一个世纪。今天，南水北调的东线、中线、西线"三线调水"方案陆续出台。在南水北调"东线"、"中线"陆续开工后，加快南水北调西线工程的必要性和紧迫性的研究，加快调水对生态环境的影响及各方利益协调的研究，进而争取工程尽早开工十分重要。制约西部大开发的关键因素是水，南水北调西线工程作为国家西部大开发的最大工程，是解决西北六省区以及黄河上中下游缺水最直接、最重要的渠道。

（二）已有的南水北调西线工程的各种方案和构想

在 50 多年里，许多单位和无数有识之士经过考察论证，就南水北调西线工程提出了许多方案。代表性的方案有以下几种。

1. 水利部南水北调西线工程方案。

南水北调西线工程的规划目标主要是解决西北地区缺水问题，基本满足黄河上中游 6 省区和邻近地区（甘肃河西走廊）未来 50 年的用水需求，并着重解决西北地区生态环境建设和生活用水。同时促进黄河流域的开发治理，必要时可相机向黄河下游供水，缓解黄河下游断流等生态和环境问题。

目前，在水利部南水北调西线工程规划中，拟订的调水方案有三种：（1）从雅砻江的支流达曲、泥曲经大渡河的支流杜柯河、麻尔曲、阿柯河调水到黄河贾曲的达——贾线，年调水量40亿立方米，这是第一期工程，预计2020年生效并可进行调水量的配置；（2）从雅砻江干流阿达到黄河贾曲的阿——贾线，年调水量50亿立方米，这是第二期工程，预计2030年生效并可进行调水量的配置；（3）从通天河的侧方调水到黄河贾曲的侧——贾线，年调水量80亿立方米，这是第三期工程，预计2050年生效并可进行调水量的配置。

水利部目前的西线工程调水方案，主要特点是调水量直接进入黄河，由于其高程高、覆盖面积大，加上黄河上游有足够的调节能力，所调入的水量与黄河上游原有水量进行统一调度，优化配置，从而解决黄河流域及其邻近地区缺水的问题。该工程所调水量的供水范围主要是青海、甘肃、宁夏、内蒙古、陕西和山西等6省（自治区）的部分缺水地区；随着调入水量的变化，受水区范围有所不同，在三条线调水量达到170亿立方米时，受水区为黄河上中游6省（自治区）及临近的甘肃河西走廊地区等。

水利部目前的西线工程调水方案根据供水区域和供水方式的不同，可以划分为直接供水和向黄河干流补水两部分。直接供水是指通过黄河干流的水利枢纽或取水口直接送入的供水范围，如大柳树水利枢纽生效后，通过水库调节可以保障其供水范围的工业和城镇生活用水、生态环境用水，也可向邻近的西北内陆河地区供水，以改善这些地区不断恶化的生态环境。向黄河干流补水是指支流水资源开发利用以及水土保持建设，减少了支流入黄水量，支流减少的入黄水量将由西线调入的水量进行补充，如引大济西、引大济湟和引洮工程以及中游的水土保持工程，对大通河和洮河水资源的开发以及位于支流的一些重点经济区的用水。

2. 黄河水利委员会南水北调西线工程方案。

南水北调西线工程，是从长江上游干支流调水入黄河上游的跨流域重大工程，是为补充黄河水资源，解决我国西北地区和华北部分地区干旱缺水的重大战略措施。这是一项改造自然环境、支撑我国西北地区可持续发展的重大基础性、战略性工程，关系到社会经济发展、生态环境保护乃至

第二部分 南水北调西线工程新构想：南水西调及其资金筹措

子孙后代的长远利益。水利部黄河水利委员会从 20 世纪 50 年代开始，对西线调水进行了多次查勘，研究了多条引水线路。

黄河水利委员会调水规划的指导思想是：抓住西北地区水资源短缺和生态环境脆弱的主要矛盾，以水资源的合理开发、科学配置和高效利用以及加强生态环境保护为重点，在大力节水，充分利用当地水资源的基础上，增辟新的水源，逐步实施从长江等流域调水，为西北地区经济繁荣、社会稳定、民族团结，以及人口、资源、环境的协调发展提供支撑和保障。黄河水利委员会调水规划的基本原则是：协调发展、统筹兼顾南北水利、符合市场经济规律、突出重点、加强科技工作。黄河水利委员会调水规划的供水目标、供水范围和供水对象：供水目标是解决黄河上中游地区、西北内陆河部分地区的缺水问题，并相机向黄河下游供水，实现水资源的优化配置，保护和建设生态环境，促进黄河的治理开发。供水范围是将水调入黄河后，通过黄河干流骨干工程的调蓄，形成向青海、甘肃、宁夏、内蒙古、陕西、山西 6 省（自治区）的供水体系，为黄河支流缺水地区补水，相机向黄河下游送水。还可研究远期向西北内陆河部分地区补水、向北京市北部坝上地区，即浑善达克沙地的南缘供水的可能性。供水对象是以城市生活、工业和生态环境用水为主，兼顾农业用水。

黄河水利委员会目前的南水北调西线工程，是从长江干流上游的通天河及支流雅砻江、大渡河的源头河段调水。调水区位于青藏高原东南部。巴颜喀拉山是调水的长江水系河段与黄河相应河段的分水岭，引水坝址、输水线路和动力电站布置在巴颜喀拉山两侧。巴颜喀拉山以北的黄河地势，海拔高程为 3 500~4 500 米；巴颜喀拉山以南的地势，雅砻江高，通天河、大渡河较低，海拔高程为 3 000~4 000 米；山南长江水系河床高程低于山北相应河床高程 80~500 米。因此，从长江水系向黄河调水，就需要修建高坝、长隧洞，或高扬程大流量的泵站等建筑物。黄河水利委员会目前的南水北调西线工程是从巴颜喀拉山南的长江水系，调入山北的黄河，这里地处寒冷缺氧、交通不便、地质条件复杂、地震烈度高的地区，兴建高坝、大库、高扬程抽水、长隧洞输水等工程，在自然条件和技术上都有一些特殊的困难和问题。

黄河水利委员会目前的南水北调西线工程方案提出的引水河段和坝址：引水河段选取通天河治家—直门达，雅砻江温波—阿达，大渡河斜尔尕以上为规划的引水河段。三河段多年平均径流量为253亿立方米。三条河可调水量，通天河90亿立方米，雅砻江50亿立方米，大渡河50亿立方米。最多可调水量190亿立方米。引水坝址：通天河有治家（年水量99.3亿立方米，海拔高程3 990米）、同加（年水量109亿立方米，海拔高程3 865米）、联叶（年水量110亿立方米，海拔高程3 790米）；雅砻江有温波、长须、仁青里、阿达；大渡河有斜尔尕；大渡河支流有亚尔堂、上杜柯、克柯。

由于黄河水利委员会已经研究了近50年，特别是1987年以来进行了超前期和规划研究，做了大量的工作，提出了几十条引水线路并进行比选。最后，通过综合比选，考虑投资估算、可调水量、工程地质条件、海拔高程、设计和施工技术水平、国民经济评价等因素，推荐了以下方案：(1) 通天河引水方案。推荐通天河自流方案，即同加—雅砻江—黄河。坝高292米，总库容260亿立方米，坝址多年平均径流量108亿立方米，年调水量90亿立方米，隧洞最长洞段长度同—雅—岗164公里，或同—雅—章89.1公里，隧洞内径约10米。(2) 雅砻江引水方案。推荐了雅砻江自流方案两个，即仁—章自流线（仁青里—章安河），坝高240米，总库容183亿立方米，坝址多年平均径流量61亿立方米，年调水量50亿立方米，隧洞最长洞段长度58.3公里，隧洞内径约10米；仁—岗自流线（仁青里—岗龙），坝高262米，总库容244亿立方米，坝址多年平均径流量61亿立方米，年调水量50亿立方米，隧洞最长洞段长度164公里，隧洞内径约10米。(3) 大渡河引水方案。推荐了大渡河抽水方案，即大渡河斜—贾抽方案。坝高252米，总库容46亿立方米，坝址多年平均径流量58亿立方米，年调水量50亿立方米，隧洞最长洞段长度为18.98公里，隧洞内径约8米。在通天河引水方案中，黄河水利委员会没有推荐的治家—多曲抽水方案。治家坝址海拔高程3 990米，坝高180米，坝址多年平均径流量97.8亿立方米，年调水量80亿立方米，隧洞最长洞段长度30.3公里，隧洞内径约11.5米，两级泵站抽水扬程425.5米。

3. 长江水利委员会林一山提出的西部南水北调工程构想。

原长江水利委员会主任林一山提出的西部南水北调是从青藏高原南流的五大水系中调水入黄河，再从黄河开运河将水调至西北。这里所说的青

第二部分 南水北调西线工程新构想：南水西调及其资金筹措

藏高原五大水系指怒江、澜沧江、金沙江、雅砻江、大渡河，这些河水量充沛，可供调水量约1 000亿立方米。初步设想是：将青藏高原各大水系的水导入黄河后，再从黄河兰州以下的大柳树水利枢纽起，开南北两大干渠向西北部引水。北干渠利用大柳树电站尾水，或者在没兴建大柳树水利枢纽以前，利用大柳树天然河道高程海拔1 200米作为引水口，沿这一等高线。穿越腾格里沙漠、乌兰布和沙漠及巴丹吉林沙漠，向天山以北开运河引水，为乌鲁木齐工农业用水，灌溉准噶尔南部沙漠地区提供水源。同时，可修建河道地区的临河至哈密的铁路，这样不但可使北京到新疆的铁路长度缩短约1 000公里，还有助于处于这一区段的北干渠沿线形成一个带状灌区，成为第二个河西走廊。南干渠引水按大柳树正常蓄水位1 400米或1 500米作为引水口，沿海拔1 400米或1 500米高程等高线在河西走廊祁连山脚下和新疆南部的阿尔金山脚下开运河引水至塔克拉玛干大沙漠和吐鲁番盆地。根据灌溉方案需要，在这两条运河干线上，沿途修建引水运河支线，并按自然地理条件修建灌溉渠系。

林一山在研究提出南干渠后，又提出了第二条南干渠，并称为南线供水线路。南线供水线路是从水源工程引水，水流穿过巴颜喀拉山后，在加曲河口分流：一部分进入洮河，另一部分进入黄河干流。进入黄河多尔根水库正常蓄水位3 320米，坝址河底高程约3 150米。从多尔根水库左岸引水，拟定引水口渠底高程3 250米。沿着黄河左岸向西，经共和县城南、乌兰县城北、德令哈县城南、柴达木盆地北，高程3 250米～3 000米～2 700米线路至阿尔金山南部。穿过阿尔金山沿北坡可以到塔里木盆地。南线引水线路与前南干渠线路比较，南线引水至塔里木盆地，全长约1 500公里，比前南干渠线路短，工程量省，投资可节省约30%。但地质条件及供水范围需进一步比较研究。

林一山提出的西部南水北调方案探索过程是，利用我国西高东低的落差远远大于北高南低，就设想可以修建一条东西向运河，先使本向南流的水向东流，然后在东流的路线上找到一个合适地点，来穿过巴颜喀拉山。这个点应是工程量相对最小，引水量相对最大的最佳组合点。林一山认为这个点是巴颜喀拉山东端与邛崃山的鹧鸪岭结合部位，位于四川省黑水县境内。在这里，开凿一个干流隧道，隧洞长5 000～6 000米，渠道高程海拔3 500米左右。隧洞出口处为川西北草原的南端，这个草原是黄河支流黑白水的源头所在，也是长江流域的岷江支流大黑水的源头所在。林一山认为选择这个东西向运河线路所要经过的地区必须是东西向山脉变成南北向山脉的过渡带。就是把运河水导入白龙江河源部分，在白龙江河源的适当部位筑坝蓄水，建成水库；同时，在适当部位开凿隧洞约10公里左右将水导入黄河支流的洮河。

整个工程可以分作四个阶段进行开发：第一阶段先修黑水电站工程。该工程是把大渡河河源水系引向四川盆地，可获得1 900米的落差，年引水量约50亿立方米，年发电量约200亿千瓦小时。第二阶段是建雅砻江引水工程。第三阶段是建金沙江、澜沧江联合引水工程。第四阶段是建怒江引水工程。根据引水工程的轮廓计划，五大水系河源部分年引水量约为1 000亿立方米。

4. 中科院地理科学与资源研究所陈传友提出的"藏水北调"方案。

所谓"藏水北调"方案，是把青藏高原的雅鲁藏布江、怒江、澜沧江、金沙江的少部分水量，通过先提后引的方式，调入黄河上游的扎陵湖、鄂陵湖调蓄后，分别送到西北方干旱和半干旱地区，彻底解决黄河断流问题。藏水北调初步拟定两个有待进一步深化的方案：高线方案起点在雅鲁藏布江干流曲水以上的永达；终点为黄河干流上的两湖。利用两湖调节径流和借水发电的巧妙结合，解决北方水电和水源问题，成为罕见的绿色环保工程。低线方案起点仍然在永达附近，终点为现行南水北调中线的水源点丹江口水库。利用不长的隧洞穿过横断山进入长江，利用长江水道发电和扩大通航，在长江三峡水库沿中线方向把水送入丹江口水库，经过调节后直抵华北，替代黄河水解决河南、山东的黄河下游用水。黄河现有水源保证西北各省用水，促进南北共同发展。

高线方案：线路基本上在4 000～4 200米的海拔输水，起点高程4 130米。初步拟定6个调水点，即雅鲁藏布江干流，雅鲁藏布江支流拉萨河，迫隆藏布，怒江干流，澜沧江支流杂曲，金沙江干流，终点为海拔4 260米的两湖。水流到两湖后自流放入黄河上游支流曲什安河入口上游河谷电站发电，尾水进入曲什安河注入龙羊峡水库。线路起点选在雅鲁藏布江干流永达附近，海拔高程3 700米，需修建百米大坝一座，以回水不淹没日喀则为原则。出水高程约4 130米，水流先由西向东，后折向北，

第二部分 南水北调西线工程新构想：南水西调及其资金筹措

经拉萨后抵拟建的旁多水库，进口高程 4 080 米。水流经过调节后，以 4 204 米高程出水，顺拉萨河右岸东进，经直孔附近穿越分水岭进入尼洋曲流域，翻念青唐古拉山纳入嘉黎水库。该水库河底高程 3 954 米，出库水位为 4 160 米。出水沿仁曲左岸东行，后折向东北跨分水岭入怒江流域，再沿麦曲左岸东进，在边坝县怕村附近跨怒江。在此纳怒江水库来水后，继续东进。并翻越鼻子普山口入澜沧江支流格曲北上，在类乌齐县东侧跨越紫曲折向东行，再经过多条支流后注入澜沧江囊谦上游水库。为了行水方便，拟定在水库拉再赛附近提水至海拔 4 431 米的输水干渠。干渠北上穿过 4 条支流后在仁宗达附近跨越金沙江，并在此接纳金沙江水库来水，随后沿金沙江多条支流北上后并翻越巴颜喀拉山，进入黄河支流贝敏曲后自流注入两湖。以上各调水点海拔高度、来水量和调水量依次为：雅鲁藏布江干流永达海拔高度 3 700 米，来水量 180 亿立方米，调水量 130 亿立方米；雅鲁藏布江支流拉萨河旁多海拔高度 3 996 米，来水量 60 亿立方米，调水量 30 亿立方米；易贡藏布的嘉黎下游海拔高度 3 954 米，来水量 40 亿立方米，调水量 35 亿立方米；怒江的热玉上游海拔高度 3 600 米，来水量 210 亿立方米，调水量 130 亿立方米；澜沧江的囊谦上游水库海拔高度 3 800 米，来水量 45 亿立方米，调水量 30 亿立方米；金沙江干流通天河的治家海拔高度 3 990 米，来水量 99.3 亿立方米，调水量 80 亿立方米。藏水北调总的调水量达 435 亿立方米。（低线方案省略）

5. 郭开提出的"塑天运河"大西线隧洞调水方案。

1949 年毕业于清华大学水利系的离休干部郭开，依据自己在"文革"时期蹲"牛棚"搜集的大量全国水利分布资料及离休后对北方地区水利资源的考察，提出了"塑天运河"——大西线调水方案。《人民日报》将这一方案刊登于 1998 年第 12 期《内部参阅》上。原一机部长、国家计委顾问周子健在病中看到这份《内部参阅》，按捺不住激动的心情，忍着病痛给总书记江泽民写了一封信，认为北方水资源短缺问题不能再拖，郭开所提方案值得考虑。7 天之后，江泽民作出重要指示："将郭开方案与先前的南水北调方案结合研究"，"从长计议、全面考虑、科学远比、周密计划"，要求国务院有关部门认真研究落实。接着在总理朱镕基的热情关怀与支持下，国务院组织 40 多位在全国最有声誉的水利、电力、地质专家开了两天学术研讨会，专门研究郭开的大西线调水方案，并就一些技术难题进行了深入的答辩。在此基础上，为了核实方案的可行性，1999年6月，水利部会同有关6个部委和四川、云南、西藏等省区多方面的专家进入川藏地带作再次实地考察，历时36天，行程6 000多公里，走遍了怒江、雅鲁藏布江、澜沧江、金沙江、雅砻江、大渡河、黄河等的主要地段，获得了大量新的数据。

郭开建议的塑天运河建在世界屋脊上，该方案的突出点是立足于取西藏每年流出国境外的丰水，也就是从西藏的塑玛滩至黄河出海口的天津市建一条大运河。建成后不仅可以改变北方淡水紧缺的状况，而且还可以让大轮船在世界屋脊上行驶。专家考察报告指出，西藏是目前中国大陆水资源最丰富的地方，人均拥有38万立方米，而北京仅为370立方米，相比是千倍的差别。西藏之所以有如此多的丰富水源，原因在于每年印度洋上的暖湿气流频频进入中国，把众多的水蒸气带到中国西南地区，在3 500米以上的高山地带形成大量降雨，造成了巨大的湖泊。以往由于种种原因，中国人没有很好地将它开发利用，年年岁岁任凭它沿山势流向周边国家。每年流向境外的淡水总量在8 109亿立方米以上。郭开的新调水方案，就是在这些丰水区调2 009亿立方米入黄河，彻底解决北方的淡水资源缺乏问题。

塑天运河分三期进行建设，它们分别是：(1) 主轴线工程系统。即从西藏塑玛滩将水引入青海湖。工程全部利用天然地势沟壑，搞人工塌方，堆石筑坝，堵江平直溢流。(2) 青海湖至伊犁工程系统。经西宁、接湟水河，至兰州转弯，过嘉峪关、玉门、北上乌鲁木齐，出伊犁，进入哈萨克斯坦国，与国际运河相接。(3) 兰州至天津工程系统。从兰州开发，经景泰、银川、太阳庙、包头、呼和浩特、沿桑乾河经大同、张家口、北京，从天津入海。至此，塑天大运河宏伟工程全部竣工，完成千秋大业。

专家分析报告关于几个关键问题的回答是：(1) 引水量保证问题。专家报告指出，实地考察6条主要河流的结果，印证了这些江河年总水量有7 000亿~8 000亿立方米，计划取水2 006亿立方米，引水量仅占出境水的1/3，不会影响境外水源。(2) 施工条件问题。专家报告认为，这里多数为"V"形峡谷，采用筑坝引水，原料充足，很适合定向爆破筑坝，造价低廉。且西藏东、西、南海拔最高为3 600米以下，波密、林芝段海

第二部分　南水北调西线工程新构想：南水西调及其资金筹措

拔仅在2 800米以下，冬暖夏凉，四季如春，很适合施工。绝大多数内地工人来此建设无高原反应（4 000米以上才有高原反应）。（3）投资来源问题。专家报告认为，1999年全国税收超过10 000亿元人民币，每年拿出1%即10亿元，就够使用了，而且可在以后建成大量发电站利润中逐年归还。（4）工程实际效益问题。专家报告详尽的论证指出：建成这条大运河，可控制长江源头而有效保护三峡工程顺利运转，西北和华北20万亩荒置土地可得到灌溉，可使这一地区农林牧副渔腾飞性地发展；增强了黄河的冲刷能力，建成后16年内可使悬河床下降15~20米；黄土高原大片水土不再流失，变沙漠和戈壁为绿洲，1 000公里荒无人烟的若尔盖草地可造就600万亩良田；再加可逐级建大中水电站几十处，装机能力可达1.78亿千瓦，为在建三峡工程发电量的8倍，并带动2 000万人的就业。总之，塑天运河的建设，可使三北的社会、经济、生态三大效益发生前所未有的巨变。

6. 刘桐树提出的"西线南水北调"方案。

2003年1月1日，以解放军原十三军军长刘桐树为代表的一批老同志，提出了"西线南水北调"工程建议。他们提出的"西线南水北调"工程建议基本概况如下：

我国的北方地区缺水越来越严重，主要是黄河上游干枯，下游断流，黄河全流域向干枯方向发展；黄河支流大部分地区干枯无水；地下水大部分地区已无水可开采；北方地区年降雨量已不足300毫米，年径流量仅有200亿立方米。而我国的西南地区水资源丰富，特别是西藏诸河和长江年径流量总共有14 668.7亿立方米，其中出境水量5 012.7亿立方米，入海水量8 873.1亿立方米。可见西南地区是一个大的可调水源，更是我国战略性后备水资源。雅鲁藏布江、怒江、澜沧江、金沙江、雅砻江、大渡河五江一河上游水资源丰富，再加大蓄水可以达到3万亿立方米/秒流量，从其源头地区可调水4 000余亿立方米/秒流量，利用自然落差的优势，挖渠与打开山口自流入黄河源头与其上游。年入黄河径流量可达1 260亿立方米，再加2002年黄河自身径流量200亿立方米，可达1 460亿立方米径流量。不仅是恢复而且将超过黄河千年史的水量，使黄河成为新世纪的母亲河。这样，既根除了北方干旱缺水，又根除了南方（长江）洪涝灾害。更是促进了全国经济的大发展，能够为实现有中国特色的社会主义现代化奠定基础。

该调水方案调水的大体布置是：从五江一河（即雅鲁藏布江、怒江、澜沧江、金沙江、雅砻江、大渡河）上游共调水 4 000 立方米/秒流量，调入黄河源头和上游，年达到 1 260 亿立方米径流量。调水的具体线路：(1) 从通天河中游（入山口处修坝 300 米高，加强蓄水，提高水位达 200 米）入山口处 5 000 米处为始点，在曲麻莱以北向东挖渠至巴颜喀拉山（5 000 米处），挖开 200 米高的一个山口（实际高度变成 4 800 米）引水 800 立方米/秒流量入黄河源头。(2) 从雅鲁藏布江（日喀则以上 5 000 米）上游，经藏北湖泊地区疏导调入怒江上游 1 000 立方米/秒流量。(3) 从怒江上游 5 000 多米高处（修坝 200 米）为起点向东挖渠，在囊谦、杂多之间穿越澜沧江再向东挖渠，开山口（巴颜喀拉山），即将四江 2 000 余立方米/秒流量，引入黄河上游的达日（3 800 米）。(4) 从色达开始（4 000 米高）将大渡河四条支流串通引入龙日坝（或查理寺以北）自流入黄河湾顶部（唐克）200 余立方米/秒流量。以上四线分流入黄河源头与上游挖渠、开山口总里程约 800 公里左右。初步核算总投资需要 240 000 亿元。

7. 袁嘉祖提出"大西线调水"方案。

北京林业大学袁嘉祖提出"大西线调水"方案。基本路线是：从西藏雅鲁藏布江的中游海拔 3 588 米的桑日县溯马滩加查峡谷—怒江的夏里—澜沧江的昌都—金沙江的白玉—雅砻江的甘孜—大渡河的阿坝—过分水岭沿海拔 3 440 米的贾曲入黄河。引水线全长 1 671 公里，可调水 1 600 亿立方米，可分四线供应缺水地区，其中 500 亿立方米顺黄河而下，600 亿立方米进入洮河（含有 200 亿立方米引入漕河，剩余 400 亿立方米引入大柳树水库，沿河西走廊向西北进入准噶尔盆地）。剩余 500 亿立方米从黄河河源处经拉加峡谷、柴达木盆地、阿尔金山北坡最终储于罗布泊。

8. 杨力行提出"南水北调"方案。

此方案由新疆八一农学院杨力行提出，南水北调工程分两步进行：一期工程在楚马尔河与通天河汇合处筑坝截流，引水到青海格尔木，可引水

60亿立方米，其中50亿立方米给新疆，剩余10亿立方米给柴达木盆地。二期工程在雅鲁藏布江上游拉萨西南90公里的尼木县筑坝截流，可调水150亿立方米，沿一期路线入新疆，分流给敦煌地区10亿立方米。全线隧洞长1 080公里。

（三）对已有的南水北调西线工程的主要方案和构想的评价

水利部南水北调西线工程方案和黄河水利委员会南水北调西线工程方案基本一致，也是我国主要的南水北调西线工程方案，因为水利部是主要负责我国南水北调西线工程的部级行政单位，而黄河水利委员会则是负责我国南水北调西线工程方案的规划研究单位。它们两家方案的特点是：（1）所调水量的供水范围主要是青海、甘肃、宁夏、内蒙古、陕西和山西等6省（自治区）的部分缺水地区；次要考虑临近的甘肃河西走廊地区等；必要时可相机向黄河下游供水，缓解黄河下游断流等生态和环境问题。总的感觉是侧重解决黄河中下游干流河谷地区及华北地区用水，而考虑西北干旱地区乃至新疆部分地区很少。（2）预计开工日期比较长。第一期工程预计2020年生效并可进行调水量的配置，第二期工程预计2030年生效并可进行调水量的配置，第三期工程预计2050年生效并可进行调水量的配置。（3）调水量直接进入黄河，由于工期长而不得不在黄河流域的支流开展一系列引水工程，如引大济西、引大济湟和引洮工程以及中游的水土保持工程，减少了支流入黄水量，支流减少的入黄水量将由西线调入的水量进行补充。（4）对于甘肃河西走廊地区的调水依靠大柳树水利枢纽的建设。（5）黄河水利委员会推荐方案中，隧洞最长洞段长度过长，恐怕工程技术上不可行。如通天河引水方案，隧洞最长洞段长度同—雅—岗164公里，或同—雅—章89.1公里；雅砻江引水方案，即仁—章自流线（仁青里—章安河）隧洞最长洞段长度58.3公里；仁—岗自流线（仁青里—岗龙）隧洞最长洞段长度164公里；大渡河引水方案，即大渡河斜——贾抽方案隧洞最长洞段长度18.98公里。只有黄河水利委员会没有推荐的治家——多曲抽水方案，隧洞最长洞段长度30.3公里，隧洞内径约11.5米，两级泵站抽水扬程425.5米。

长江水利委员会林一山提出的西部南水北调工程构想，在调水水源的方向上，思路是正确的，而且提出了高水高用的原则，考虑到向新疆输水。但是，主要依靠兰州以下的大柳树水利枢纽，开南北两大干渠向西北部引水，水位太低，而且南北两大干渠经过的并不是现有的经济发达地带。后来提出的南线供水线路，是又一种向新疆输水的设想，但经过的同样不是现有的经济发达地带。

中科院地理科学与资源研究所陈传友提出的"藏水北调"方案，在调水水源的方向上，思路是正确的。把青藏高原的雅鲁藏布江、怒江、澜沧江、金沙江的少部分水量，通过先提后引的方式，调入黄河上游的扎陵湖、鄂陵湖调蓄后，分别送到西北方干旱和半干旱地区，彻底解决黄河断流问题。这种思路也是独特的。藏水北调总的调水量达435亿立方米，远景来看是比较合理的。但调入黄河后，没有考虑其他的输水方向。

郭开的"塑天运河"大西线隧洞调水方案，在调水水源的方向上，思路是正确的。但是，该方案被中国工程院重大咨询项目《中国可持续发展水资源战略研究综合报告及各专题报告》中专题报告《中国北方地区水资源的合理配置和南水北调问题》负责人吴致尧、谈英武、崔荃完全否定，他们认为，郭开的"塑天运河"大西线隧洞调水方案完全是不切实际的空想，是不可行的。中国工程院重大咨询项目《西北地区水资源配置生态环境建设和可持续发展战略研究综合报告》认为社会上广为流传的"大西线"调水设想，在技术和经济上是不可行的。其他几个关于"大西线调水"的构想大多是由郭开的"塑天运河"大西线隧洞调水方案演变出来的，在此不再评价。

（四）南水北调西线工程方案的关键点

打开中国地理版图，就会发现我国地貌最明显的特征就是平地少，山地多，西高东低，呈现三大梯级的地貌格局和南多北少的水文分布。我国

第二部分　南水北调西线工程新构想：南水西调及其资金筹措

地貌第一级阶梯是平均海拔在 4 000 米以上，面积广达 230 万平方公里的青藏高原。青藏高原西端与帕米尔高原相接，北面和东面地势从海拔 4 000 米以上急剧下降到海拔 1 000～2 000 米的下一级高原和盆地，南面更急降到海拔只有几十米的印度、孟加拉国境内的恒河平原。第二级阶梯介于青藏高原与大兴安岭—太行山—巫山—雪峰山之间，其中包括内蒙古高原、黄土高原、云贵高原和塔里木盆地、准噶尔盆地、四川盆地（海拔 500 米）等地区。第三级阶梯是大兴安岭—太行山—巫山—雪峰山一线以东的部分。自北而南，有海拔 200 米以下的东北平原、华北平原、长江中下游平原；有江南广大地区海拔数百米的许多丘陵、盆地；还有海拔 500～1 000 米的辽东半岛丘陵、山东半岛丘陵、东南沿海丘陵、两广丘陵等，也包括海拔 3 000 米以上的台湾山地。

随着文明的进步，利用我国地貌西高东低的地势特征，改变原有的水文自然分布并借以改善人们现有的生存条件，成为许多单位和有识之士研究南水北调西线工程各种方案或设想的共识。具体来说，利用我国地貌西高东低的特征，克服巴颜喀拉山南侧北高南低的高程障碍，沿着第一阶梯的边缘，先由南向东，使五大水系巨大的往南流的水转向东流，然后再转向北流，这成为许多南水北调西线工程方案或设想的主要思考方向。

第一，南水北调西线工程或构想的受水地区既要重点考虑解决黄河中下游干流河谷地区和华北平原用水，也要充分考虑西北河西走廊乃至新疆部分干旱地区用水，以便使以甘肃河西走廊和新疆为主的西北干旱地区成为我国未来重要发展后备基地和新的经济增长区域。

第二，调水水源方向是处于我国地貌第一级阶梯的青藏高原的雅鲁藏布江、怒江、澜沧江、金沙江的部分水量，这是由我国地势地貌和水文自然分布客观条件决定的，也许先是从金沙江开始调水，逐渐向澜沧江、怒江、雅鲁藏布江延伸。中国工程院重大咨询项目《西北地区水资源配置生态环境建设和可持续发展战略研究综合报告》完全否定类似"大西线"调水的有关设想，这个观点是值得商榷的。

第三，翻越巴颜喀拉山这一长江和黄河的分水岭是关键，主要集中在两个河段，一个是金沙江上游通天河海拔 3 800～4 000 米河段，另一个是大渡河斜尔尕海拔 3 500 米河段。这两个河段都要充分利用，利用这两个河段的引水工程有可能并行不悖。

第四，应坚持高水高用原则，对于从通天河引的水，应充分利用它是"高水"，要尽可能"高用"。主要考虑向青海、甘肃河西走廊、新疆输水。对于打算利用大柳树水利枢纽向甘肃河西走廊、内蒙古和新疆输水，不能寄予太大希望，因为大柳树与黑山峡之争已逾50年，况且水位太低，已有打算利用大柳树水利枢纽向甘肃河西走廊、内蒙古和新疆输水的方案经过的都不是经济发达地区。如果将向黄河上中游6省区输水与向甘肃河西走廊、内蒙古和新疆输水分开来考虑，就有可能真正找到"高水高用"的方案。

总之，在50多年里，许多单位和无数有识之士经过考察论证，就南水北调西线工程提出了许多方案。但是，到目前为止已有的南水北调西线工程方案或设想也存在一些缺点，比如调查研究尚不够充分，缺少实地考察的数据，工程中也有可能存在一些难题。由于西部大开发和国家的可持续发展都要求南水北调西线工程加快研究和规划进程，在东线和中线没有争议的情况下，西线到底选哪一条，需要快速而严密地进行考证研究，因为北方的干旱不等人，西部的发展不等人。

第二部分 南水北调西线工程新构想：南水西调及其资金筹措

南水北调西线工程新构想：
南水西调构想的形成过程

（一）南水西调构想的形成过程

2004年4月下旬，我陪几位加拿大专家到甘肃的河西走廊考察西部开发重点区域西陇海兰新线经济带发展问题，从敦煌机场进入，沿着河西走廊，经过敦煌、嘉峪关、酒泉、张掖、武威，从兰州中川机场出来。第一次到河西走廊，最深切的感受就是干旱缺水。一般来说，一个地区水资源开发利用率在国际上的标准是40%，而我国全国平均水资源开发利用率是20%，西北地区是53.3%，甘肃河西走廊为92%。2004年5月初，我到甘肃省武威市古浪县挂职任县委副书记，深感水资源的短缺对当地经济发展的严重制约影响。县城每天只有早晚各供一次水。于是，水从哪里来？这个问题每天都萦绕在我的脑海里。

甘肃省河西走廊是指乌鞘岭以西、北山和祁连山之间，长约1 200公里的区域，这里多戈壁、绿洲，是古代丝绸之路通过的区域。甘肃省河西走廊区域行政区划总面积有28.2528万平方公里，占全省面积45.4万平方公里的62.23%；总人口有459万人，占全省人口2 507万的19.3%。河西走廊区域主要省辖地级市有武威市（面积3.3万平方公里，人口186万人）、金昌市（面积9 593平方公里，人口44万人）、张掖市（面积

4.2万平方公里，人口125万人)、酒泉市（面积19.5万平方公里，人口90万人）、嘉峪关市（面积2 935平方公里，人口14万人）等5个地级市。还有属于酒泉市的两个县级市，玉门市（面积1.3万平方公里，人口19万人）、敦煌市（面积3.1万平方公里，人口13万人）。河西走廊的水系属于内陆河流域，区域内主要有石羊河、黑河、疏勒河3个水系。

另外，内蒙古自治区的额济纳旗是在黑河流域的下游，总面积102 461.30平方公里（习惯数为114 606平方公里），人口1.6万人。黑河下泄的水是额济纳绿洲的惟一生命线。

实际上，祁连山基本上是东西向黄河流域和内陆河流域的分水岭，而乌鞘岭基本上是南北向黄河流域和内陆河流域的分水岭。祁连山与乌鞘岭构成一个"L"形状，如果我们要从南边长江流域引水到河西走廊的话，不仅要穿越长江与黄河的分水岭巴颜喀拉山，而且要穿越黄河流域和内陆河流域的分水岭祁连山。要穿越祁连山，越靠近祁连山与乌鞘岭两个分水岭的结合部，穿越的距离就越短，而引到河西走廊的水所发挥的效益就越大。河西走廊从乌鞘岭往西，一直到敦煌、新疆，地势是逐渐降低的。所以，有一天突然产生了一个想法，就是解决河西走廊资源性缺水最根本的是要从区外引水。只要水穿过祁连山，从乌鞘岭西边往西，整个河西走廊都能实现自流。

要从区外引水，就要找理由。正好我被借调到市里，工作就是到每个县去调研，到民勤县调研时了解到了民勤沙漠侵蚀的严重性。温家宝同志对民勤生态问题有七次"批示"和"指示"：第一次是2001年7月30日，在新华社《国内动态清样》（第1162期）——《河西走廊石羊河流域生态环境恶化》一文上批示："请照肃、陆浩同志阅。石羊河流域生态综合治理应提上议程。当务之急是建立流域统一管理机构，大力实施节水工程，有效遏止土地沙化和草场退化。绝不能让民勤成为'第二个罗布泊'。此件同时送恕诚同志阅，请水利部对石羊河水资源的统一规划、调度和管理问题给予关心和指导。"第二次是2001年11月19日，在甘肃省政府《关于石羊河流域水资源和生态环境综合治理的调查报告》一文上批示："陆浩同志在调研基础上提出的关于石羊河流域综合治理的建议值得重视，请国家计委、水利部、农业部、环保总局、林业局研究。"第三次是2002年4月26日，在国家经贸委提供互联网信息择要：《民勤绿洲，

第二部分 南水北调西线工程新构想：南水西调及其资金筹措

危在旦夕》一文上批示："请陆浩同志参阅。"第四次是2002年8月20日，在国家计委副主任刘江《关于甘肃省石羊河流域生态建设有关情况的报告》一文上批示："请照肃、陆浩同志阅。"第五次是2004年8月12日，在中办秘书局《近期社会动态专报》上批示："如何使民勤不成为第二个罗布泊，请水利部会同甘肃省政府认真研究并提出治理方案。"第六次是2002年8月31日，温家宝总理在甘肃考察工作时指出："水利建设和生态环境建设是关系甘肃发展的重要因素，要突出两条河的治理、两个引水工程的建设和两个荒漠化地区的治理，两条河就是黑河和石羊河的治理。"他说："甘肃需要治理的荒漠化地区很多，首当其冲的是民勤。"2005年3月6日下午，温家宝总理参加十届全国人大三次会议与甘肃代表团审议政府工作报告时，问甘肃省人大代表："现在，民勤县沙漠治理得如何？"在听取了甘肃省领导介绍的沙漠还以每年20多米的速度向前推进时，他严肃地说："石羊河流域要坚决治理好，绝不能让民勤成为第二个罗布泊。"2005年7月16日，温家宝总理第七次批示指出："绝不能让民勤成为第二个罗布泊。这不仅是一个决心，而是一定要实现的目标。这不仅是一个地区问题，而是关系国家发展和民族生存的长远大计。盼发改委同甘肃省将这件事列入议事日程，统筹规划，落实措施，科学规划，务求实效。"

这里，找到一条重要理由是，河西走廊是西部开发重点区域西陇海兰新经济带的重要组成部分，如果民勤被沙漠吞噬，必然危及武威，有可能把西部开发重点区域西陇海兰新经济带拦腰切断。2004年8月，我到酒泉航天发射基地参观，看到我国的东风航天城就在沙漠中间，四周都被沙漠包围着，就想到今后我国的航天事业还要进一步发展，东风航天城必然受水资源的制约。因此，也需要水！还有，随着西部开发重点区域之一的西陇海兰新线经济带的发展壮大，随着新型工业化和城市化的进一步推进，沿线经济比较发达的武威、张掖、酒泉、嘉峪关、敦煌、哈密等地级城市规模会进一步扩大，对水资源的需求会上升。再就是今后如果通过河西走廊向新疆输水，由于沿途经过经济比较发达的城市，比其他路线更加有利于带动沿线经济的发展。

由于我是研究区域经济的，对水利方面水资源开发并不太熟悉，当我产生把南边的水引到河西走廊的想法后，就请教了中国科学院地理科学与资源研究所的水利专家陈传友①研究员。于是我们一起研究，提出了南水西调——阻止民勤成为第二个罗布泊，根本解决河西走廊资源性缺水的战略对策。这个初步的研究报告得到国务院西部开发办专职副主任李子彬同志的批示，并转送黄河水利委员会专家参考。

（二）南水北调西线工程新构想：南水西调的必要性

　　甘肃省河西走廊是我国西部一块重要的战略要地，自古以来就是我国与西亚经济文化交流的要道，当今又是新欧亚大陆桥的咽喉，是西部大开发重点区域之一的西陇海兰新线经济带的重要组成部分，也是我国拟建的重要商品粮基地之一。通过长期建设，河西走廊地区已初步形成以黑色冶金、石油化工、航天发射、旅游为主体的产业格局，成为甘肃省农产品的重要生产基地和经济增长最活跃的地区。河西走廊东西长 1 000 公里左右，南北宽一般在 40~100 公里，土地面积约 27 万平方公里，占甘肃省的 60%，人口约 500 万，耕地 1 000 多万亩。这里土地辽阔，光热条件良好，昼夜温差大，适宜多种优质农作物生长。区内已探明的矿产资源有 52 种，其中镍、钴、铂等 9 种矿产储量居全国榜首。从发展的角度看，河西走廊具有得天独厚的资源优势和巨大的开发潜力，在开发大西北和扩大对外开放中处于重要位置。

　　但是，河西走廊地区干旱少雨，年平均降水量一般不超过 200 米，属于典型的干旱地区。其中，民勤县年平均降水仅 110 毫米，而年均蒸发量则高达 2 646 毫米，水资源十分匮乏，单位面积占有水量只有全国平均值的 1/10。民勤县可供水量按 2000 年水平年计算，仅为 1.6 亿立方米，但现状需水量约 7.7 亿立方米，供需差约 6.6 亿立方米，为了保证生产，只

---

　　① "南水西调"这一战略构想最早是胡长顺同志于 2004 年 8 月提出，后与中国科学院地理科学与资源研究所水利专家陈传友同志合作研究共同完成初步研究报告，同所姚治君同志参加讨论。《南水西调：一个可攻可守的大思路——根本解决河西走廊资源性缺水的战略对策与若干建议》最先以陈传友、胡长顺、姚治君三人联合署名，公开发表在国家发展和改革委员会下属《中国经济导报》2004 年 9 月 21 日《论坛周刊》上。

能以超采地下水来维持。近几年来大力推广节水技术，压缩种植业面积，调整产业结构。尽管如此，供需差还有 5 亿立方米。由于干旱化不断加剧，沙漠南侵势头难以遏制，北部流沙以平均每年 8～10 米的速度南侵。民勤仅仅是河西走廊的一个缩影，由于全球性气候变化，祁连山冰川融水比 20 世纪 70 年代减少大约 10 亿立方米，冰川局部地区雪线正以年均 2～6 米速度上升。资源性缺水对整个河西走廊的武威、金昌、张掖、酒泉、嘉峪关等地级中心城市都将会构成威胁，尤其是威胁到我国航天城酒泉卫星发射基地的进一步发展，威胁到西部大开发重点区域之一的西陇海兰新线经济带的安全。

温家宝同志十分关心民勤乃至河西走廊的沙漠化与水资源危机，先后七次批示，要求"绝不让民勤成为第二个罗布泊。"其实，地处黑河下游的内蒙古额济纳旗也有可能成为"罗布泊"。民勤乃至河西走廊的沙漠化与资源性缺水问题时时牵动着总理的心。

从这几年的治水经验来看，要从根本上解决河西走廊地区的干旱与沙漠化问题，除了狠抓节水外，还要进一步研究从外流域补水，即地方提出的"坚持内节外调，节调管并重，以节水为主的方针"。我们经过初步的创新性研究，认为要从根本上阻止民勤的沙漠化，解决河西走廊资源性缺水问题，必须采取"南水西调"的重大战略举措，我们认为可以从通天河向河西走廊年调水 40 亿～50 亿立方米，为了与南水北调西线工程其他方案或构想相区别，我们称之为"南水西调"，即从南边的通天河向河西走廊调水，穿过巴颜喀拉山和祁连山，越过乌鞘岭分水岭，整个河西走廊就可以实现自流，这里的"西"是指河西走廊。从长远来看，还可以考虑将来向新疆输水。

（三）南水北调西线工程新构想：南水西调的具体方案

河西走廊位于祁连山与走廊北山之间，东起乌鞘岭，西至甘肃、新疆交界处，大部分为山前倾斜平原，海拔多在 1 300～2 500 米。由此可见，它的东、北面为浩瀚的大漠；西面为新疆干旱区；南面虽有黄河，但水资源入不敷出，可望而不可及；只有西南面大江大河较大，从北向南有黄河、通天河、澜沧江、怒江、雅鲁藏布江，特别是通天河距河西最近，直线距离约600公里，平均海拔4000米以上，居高临下，不仅控制调入区，而且相邻的新疆、宁夏、黄河流域都在调水控制范围之内。

通天河支流细曲与德曲汇入干流区间，年平均来水量100亿立方米左右，海拔3900～4000米。以此段为取水口，并筑坝抬高水位，坝高按250米计，提水扬程按300米计，假定取水口高程为4500米，沿细曲北上，在海拔4500米的高程上，穿过约18公里长的隧洞，翻越巴颜喀拉山（最大埋深约200米），进入扎陵湖支曲多曲，流入扎陵湖、鄂陵湖（以下简称两湖），入湖海拔4280米左右。经过两湖调节于鄂陵湖东北面沿海拔4270米放水，经托素湖南侧、绕苦海北侧，大约在楠木塘北面海拔4200米的高程，沿北坡向南输水，并经过拟建的毛龙洼水电站。水电站海拔约3400米，发电水头800米，发电出力约170万千瓦，发电尾水沿3350米等高线，通过倒虹吸跨过坝河，转向东北，然后沿黄河左岸北上约20公里后，转向东北，行程60～70公里至新哲农场，复向北，通过倒虹吸至青海湖支流，并自流至青海湖畔3300米左右的高程转向东流，大约经过100多公里长的输水干渠至倒淌河附近，再穿约18公里的隧洞至南响河上游（也可能是沿青海湖东端经海晏北行），沿南响河自流入湟源县城南岸海拔3100～3200米高程处，跨过湟水沿3100米等高线北上，再通过隧洞穿越钟领梁、越过娘娘山和大坂山进入大通河流域，沿大通河右侧向东南输水，约在13公里峡谷处穿过大通河，并沿左侧东南流，下行约35公里转向北流，并以25公里长的隧洞跨过祁连山余脉乌鞘岭至与古浪县接壤的天祝县安远镇南面海拔约3000米的高程上，再沿西北方向输水至古浪县南海拔2300米处发电（也可能是从青海省门源县冷龙岭东到仙米乡之间到甘肃省天祝县毛藏乡或哈溪镇之间穿过祁连山分水岭），发电水头700～750米，发电出力约150万千瓦，发电尾水向北至武威、民勤、金昌、山丹等地，整个输水线路长初步估计800多公里（不计河、湖输水长），大于10公里长的隧洞11余处，其中最长的为25公里；大型电站2处，总装机容量约400万千瓦；提水站一处，扬程约300米；倒虹吸与渡槽11处。

（四）南水北调西线工程新构想：
　　　南水西调方案特点

我国和世界调水工程很多，各有特色。"南水西调"调水工程的特点很不一般：

1. 工程可做到进可攻，退可守，立于不败之地。近期主要解决河西走廊地区，远期如增加水源，可从古浪沿 3 000 米等高线放水至新疆，解决北部南疆用水；从南木塘放水至曲什安河进龙羊峡，可部分解决黄河流域用水。

2. 水源有保证。近期从通天河调水 40 亿～50 亿立方米解决河西走廊用水。如果远景水量不足，可考虑取水向南延伸，增加调澜沧江 30 亿～40 亿立方米的水量，如果还不够，还可向南延伸增调怒江 100 亿～130 亿立方米的水量，雅江 200 亿～210 亿立方米的水量，所以方案水源源远流长，工程一劳永逸不易报废。

3. 工程规模大，输水线路长，但是均为常规建筑物，不存在技术难题，且工程单一，主要为土石工程，只要有劳力，兴修工期较快。输水线路均在分水岭地区，基本上没有移民问题，占用耕地也不多，社会问题少。

4. 发电、供水互不干扰，先发电后供水，两者均有保证，因此效益明显。仅发电一项每年便可收入几十亿元，而且节省大量煤炭，改善西北电力结构和大气环境，经济、社会、环境效益突出。

5. 把生态用水作为调水的主要目的之一。引水线路经过青海省的"三江源"地区和青海湖地区，能够改善这两个地区的生态环境，恢复湿地和草场，可适当向青海湖补水。如果设计在河西走廊东、北两面海拔 1 300～1 500 米的高程上植树造林。只要保证有水，种树种草就能保证成活。

6. 渠首虽然提水 300 米，耗电较多，但水被提上来后，仅三天时间又在楠木塘附近，以更大的水头落下发电，发电量远远高于耗电量。启动电流，可采取向两湖借水的方案，即放水发电（两湖蓄水 150 亿立方米，湖水水面积1 100平方公里),发电同时提水,造成水电循环的局面,这种方式避免了工程的重复和对生态环境的破坏,有力地促进了调水的实施。

总之,由于"南水西调"主要涉及青海省和甘肃省(将来也涉及到新疆维吾尔族自治区),两省可以先联合起来开展可行性研究、论证。条件成熟后,如果"南水西调"能够作为西部大开发的重点工程,将具有重要的战略意义。"南水西调"能够改善青海省的生态环境,工程经过地区能够受益;能够从根本上解决河西走廊资源性缺水问题,防止民勤成为第二个罗布泊,遏制沙漠的南侵,保护我国航天城酒泉卫星发射基地的进一步发展。

(五) 与南水西调沿线有关的主要河流及规划的引水工程

1. 甘肃省和青海省内与南水西调有关的主要河流。

甘肃省河西走廊的水系属于内陆河流域,区域内主要有石羊河、黑河、疏勒河3个水系。根据1956年到1995年近40年的水文资料统计,河西走廊的内陆河流域地表水资源总量为35.80亿立方米,浅层地下水资源总量为52.29亿立方米,扣除地表水和地下水的重复量47.15亿立方米,该区域水资源总量为40.94亿立方米。由于多年来开展大规模水利工程建设,建设了一系列的蓄水工程、引水工程、提水工程及其他工程,打了众多的机电井,到2000年,河西走廊的内陆河流域地表水供水55.2亿立方米,地下水供水21.6亿立方米,总计达76.8亿立方米;而国民经济各部门总耗水量达到76.77亿立方米。据预测,未来相当一段时间内,甘肃省河西走廊和南水西调引水线路上青海省近期规划的调水工程总共计划调水14.62亿立方米,总投资将达到84.53亿元(不包括引大济湖和引大济黑两项工程4.01亿立方米的投资额)。

(1) 石羊河。石羊河发源于祁连山区,是河西走廊内陆河流域的三大水系之一,东起乌鞘岭,西止大黄山,北与巴丹吉林沙漠和腾格里沙漠

第二部分 南水北调西线工程新构想：南水西调及其资金筹措

相接，包括武威、金昌两市以及张掖市肃南裕固自治县、山丹县和青海省门源县的一部分。流域总面积为4.16万平方公里。该流域南部祁连山为高寒半干旱半湿润区，年降水量300~600毫米，年蒸发量700~1 200毫米；中部走廊平原为温凉干旱区，年降水量150~300毫米，年蒸发量1 300~2 000毫米；北部为温暖干旱区，年降水量小于150毫米，其中民勤县年降水量仅有50毫米，年蒸发量2 000~2 600毫米。石羊河流域自产水量17.62亿立方米（含外流域调水1.01亿立方米）。截至2000年，石羊河全流域总人口223万人，灌溉面积474万亩，人均水资源占有量为789立方米，是甘肃省水资源匮乏区之一。按现状用水规模及水平分析，全流域总需水量31.86亿立方米，在地下水超采近4.52亿立方米的情况下，仍缺水3.46亿立方米。石羊河流域地表水利用率86%，地下水利用率高达177%，资源严重超载。由于水资源短缺和生态环境恶化，地处下游的民勤县近年有13.5万亩沙枣林枯梢衰败，35万亩白茨、红柳等天然植被处于死亡或半死亡状态，北部防风固沙林、农田防护林减少近300万亩，沙漠以每年8~10米速度向绿洲推进，平均每年沙化面积达22.5万亩。民勤绿洲因上游来水大量减少，导致河道断流、地下水位下降、植被死亡、湖泊干涸、土地沙化加剧等生态环境严重退化。迫使许多人不得已外迁。照此下去，民勤有可能变成第二个罗布泊，使两大沙漠合拢，导致凉州区北部流动沙丘被激活，河西走廊、丝绸之路、新亚欧大陆桥、西部开发重点区域西陇海兰新线经济带有可能被沙漠拦腰切断。目前，从区外向民勤调水的惟一途径是景电二期延伸向民勤调水工程，年调水设计能力0.61亿立方米，远解决不了民勤缺水问题，而且供水成本高。

（2）黑河。黑河流域位于河西走廊中部，常年性地表河流发源于祁连山区，多年平均出山流量为37.78亿立方米，其中降水占55%、地下水占35%、冰雪融水占10%。流域水资源开发利用主要集中在中游平原及下游金塔灌区，现有中小型水库98座，人工绿洲内基本上布满了引水渠网，总长4 500公里，渠道衬砌率达50%~70%，地表水利用率86%，潜力有限。平原地下水可开采资源量12亿立方米/年，1999年地下水开采量约6.9亿立方米，占可开采资源量的59%，尚有部分潜力。黑河流域水环境变化主要表现为：①流域中游地下水补给量急剧减少，出现区域性地下水下降；②流域中游泉水流量逐年衰竭，水资源重复量减低；③流域下游植被退化和土地沙化发展迅速,黑河下游入境水量大量减少,甚至断流,地下水位连年下降,植被退化严重,可用地沙化面积扩大到 527 万亩,约占额济纳旗可用地的 54%;额济纳旗绿洲缩小,土地沙化和沙尘暴危害加剧。

黑河水流经甘肃省的张掖、高台县及正义峡水文站,又经甘肃省金塔县的四个乡镇和国防科工委 20 个基地,流程 185 公里,进入额济纳旗后叫额济纳河。额济纳河在额济纳旗境内流程 250 公里,河宽平均在 150 米左右,正常水位在 1.5 米左右,平均流量在 200~300 立方米/秒之间,洪峰来临时可达 500~600 立方米/秒。额济纳河至巴彦宝格德山分为东(河)、西(河)两系,由南向北在三角绿洲上又分支 19 条,这些支流对额济纳绿洲的常青、林木草原的更新、粮料的生产、人畜的兴旺、经济的繁荣起着决定性作用。历史上,由于额济纳河流水不断,曾经把弱水三角绿洲装点得天苍苍、野茫茫,风吹草低见牛羊。20 世纪 50 年代,额济纳河年泄量有 12 亿~13 亿立方米,余波注入东(苏泊淖尔)、西(嘎顺淖尔)居延海和京斯图湖。到 20 世纪 60~70 年代,额济纳河年泄量至少也在 10 亿立方米以上。进入 20 世纪 80 年代,黑河进入额济纳河年均径流量降至 4 亿立方米,枯水年为 2 亿立方米。由于上游来水减少,额济纳绿洲沙漠化日趋严重,也有可能演变成类似"罗布泊"的地方。

(3) 疏勒河。疏勒河流域位于甘肃省河西走廊西部,平原区面积约 2.5 万平方公里,戈壁、沙漠、隆起地块占 82%,绿洲占 18%。干流全长 670 公里,其中平原区 320 公里。1949 年以后,该流域人口激增,耕地面积不断扩大,水利建设迅速发展,灌溉面积从新中国成立前的 43.9 万亩增加到 1995 年的 112.2 万亩。平原土壤盐碱化和土壤沙漠化严重发展,伴随着下游区地下水减少,河、湖湿地、草场等天然绿洲萎缩,半荒漠面积不断扩展。

南水西调引水线路经过青海省的"三江源"地区和青海湖地区,目前,"三江源"地区生态建设投入不足,"三江源"地区生态不断恶化的趋势并没有从根本上得到控制。青海湖环湖区域水源涵养功能下降,草地退化严重,沙化面积不断扩大,生物多样性受到威胁,已严重影响到农牧民生产、生活。

第二部分　南水北调西线工程新构想：南水西调及其资金筹措

2. 河西走廊近期规划的调水工程。

第一，景电二期延伸向民勤调水工程末端续建工程。这是利用已建成的景电二期工程向民勤调水，以缓解民勤水资源短缺、生态环境恶化的应急工程。工程设计流量为 6 立方米/秒，年调水量 6 100 万立方米，投资 3.03 亿元，1995 年 11 月开工，2001 年 3 月正式通水。但还需要续建末端 61 公里封闭式人工渠道工程，以减少蒸渗损失，工程投资 1.5 亿元。续建工程完成后，合理调度可以给民勤调水 1 亿立方米。

第二，引大济西工程。就是引大通河水至石羊河支流西大河，以解决金昌市、民勤县和山丹县的缺水问题，工程总调水量 2.5 亿立方米。初步决定水量分配方案为：金昌市及金川灌区 1.35 亿立方米，民勤县 1.0 亿立方米，山丹县 0.15 亿立方米。工程总投资 30 亿元。一期引硫（硫磺沟）济金（金昌镍基地）年引水 0.39 亿立方米已于 2002 年建成。

从以上两项工程来看，引水的目标量是 3.11 亿～3.5 亿立方米，总投资合计 34.53 亿元。

3. 在南水西调引水线路上青海省近期规划的调水工程。

第一，引大济湟工程。湟水是黄河在青海省境内最大的一级支流，多年平均径流量达 21.50 亿立方米，是青海省政治、经济、文化、交通的中心区域。大通河是湟水的一条主要支流，地势高、人口稀少，流域内耗用水少，多年平均实测径流量 29.25 亿立方米，多年平均天然径流量 30.05 亿立方米。水利部已审定的大通河多年平均外调水量方案中青海省内有：引大济湟 7.50 亿立方米，引大济湖和引大济黑两项工程 4.01 亿立方米。引大济湟工程是将大通河水引入湟水支流北川河黑泉水库，通过水库调节后灌溉湟水两岸浅山地区农田，并补充西宁市工业和城市生活用水及湟水干流环境用水。工程由大通河石头峡水利枢纽、调水总干渠、黑泉水库、湟水北干渠、湟水南岸灌溉工程组成。工程规模大，总投资约 50 亿元。一期工程为黑泉水库和湟水北干渠一期工程，投资 8.5 亿元，其中黑泉水库已于 1996 年 9 月 12 日开工兴建，2001 年 9 月开始下闸蓄水。

第二，引大济湖。青海湖位于青藏高原东北角，在青海省海北与海南两州的交界地区。青海湖是我国最大的内陆咸水湖，总面积 4 500 平方公里，海拔3 200米。由于气候变化和人类经济活动等的影响，青海湖的水土平衡遭到破坏，环湖地区的生态环境日益恶化。由于青海湖入湖水量减少，湖面缩小，如鸟岛已成为半岛，湖水矿化度提高。青海省提出了引大济湖工程，目的是恢复和改善青海湖周边地区生态环境。大通河武松他位断面天然径流量只有7.94亿立方米，虽然水利部审定了青海引大济湖和甘肃引大济黑共计4.01亿立方米，但是，其中分给青海湖的水量有可能不能满足引大济湖的水量要求。

从以上两项工程来看，引水的目标量是11.51亿立方米，仅引大济湟工程总投资就达50亿元。

（六）南水北调西线工程新构想：南水西调的战略性建议

通过分析已有的南水北调西线工程的各种方案和构想，大家知道南水西调是南水北调西线工程一个新的构想，这个构想是前人没有提出过的。有的人问我，难道那么多水利专家都没有考虑到这个方案吗？我的回答只能是基于两点：一是我是研究区域经济战略的，是站在区域发展战略的角度来看问题；二是我有机会在当地生活比较长的时间，深切地感受到缺水的严重性，天天思考这个问题，并寻找答案。这个构想是真正地遵循了"高水高用"的原则。从引水水源来看，是遵循了绝大多数南水北调西线工程方案或构想中引水水源的方向。从引水路线来看，基本上是经过青海、甘肃经济相对比较发达地区，能够控制和向这些区域输水，与经济发展的重点区域比较吻合，特别是与西部大开发重点区域之一的西陇海兰新线经济带走向大部分一致。正是基于这一新构想，对于南水北调西线工程提出以下战略性建议：

1. 可以把南水北调西线工程的规划目标进行适当分解，即把向青海、甘肃河西走廊和新疆部分地区调水单独作为其中一个目标；把其他解决西北地区缺水问题，基本满足黄河上中游6省区未来50年的用水需求，并着重解决西北地区生态环境建设和保护的需水，同时促进黄河流域的开发治理，必要时相机向黄河下游供水，缓解黄河下游断流等生态和环境问题作为一个目标。这两个目标并行开展研究，以便加快南水北调西线工程的步伐。

2. 对于水利部和黄河水利委员会现有方案中打算在工程末期利用大柳树水利枢纽向甘肃河西走廊、内蒙古和新疆输水，不能寄予太大希望，因为大柳树与黑山峡之争已逾50年，今后不知什么时候能够达成共识，即使有一天实施了，在时间上对于严重缺水的青海、甘肃河西走廊和新疆部分地区也实在太晚；最关键还是水位太低，难以顺利达到输水目的地；再就是已有打算利用大柳树水利枢纽向甘肃河西走廊、内蒙古和新疆输水的方案经过的都不是经济发达地区，线路太长。

3. 翻越巴颜喀拉山这一长江和黄河的分水岭是这个方案的关键，要将大坝高度、隧洞高度和长度、一定程度的开挖山口、调水量等综合研究，寻求最佳方案。南水西调输送到河西走廊的水由于不经过黄土高原，基本上是清洁的长江水，这样就保证了引水的水质。

4. 如果南水西调方案能够实施，建议对黄河流域支流的若干还没有实施的调水工程暂时停止，因此可以节省许多经费。根据黄河水利委员会的调水比率，该方案年调水量甚至可以增加到80亿立方米，可以替代原来拟定的从黄河流域支流调水的若干工程。

5. 当务之急是青海、甘肃和新疆以及有关部门应开展南水西调的可行性研究工作。

（七）国外跨流域调水工程的成功经验对我国南水西调的启示

跨流域调水工程投资规模大、经济效益和社会效益好。南水西调工程需要在长江上游通天河高海拔河段修筑高坝并开挖长隧洞。由此可见，在高海拔、高寒地区建筑高坝和开挖长隧洞是最关键的技术。国际上已有的成功经验主要有以下几个跨流域调水工程。

1. 秘鲁马赫斯跨流域调水工程。

秘鲁西南部阿雷基帕省西瓜斯河流域的广大高原，土壤肥沃，雨量稀少，气候干燥，而西邻的科尔卡河水量丰沛。为了开发西瓜斯河西部的马赫斯平原和其东部的西瓜斯平原，发展农业，秘鲁政府决定于1971年开工建设马赫斯跨流域调水工程。该工程在安第斯山区建两座水库作为调水水源。该工程总引水量10亿立方米/年。一期工程是在科尔卡河上建设孔多罗马水库，水库大坝高100米，坝顶海拔高程4 185米，库容2.85亿立方米，用于调节科尔卡河的径流；然后在孔多罗马水库下游约70公里处海拔高程3 700米的图蒂建设输水系统进水口建筑物，再修建全程约250公里的输水渠道和隧洞，把水送入西瓜斯河上游的皮泰进水口，继而分配给灌溉系统。这条输水线要开凿穿越安第斯山海拔3 600米的隧洞。二期工程是在亚马孙河水系上游阿布里克河上修建安戈斯图拉水库，水库大坝高105米，坝顶海拔高程4 180米，库容10亿立方米。通过17公里长的隧洞和明渠将大西洋水系阿布里克河水调入太平洋水系的科尔卡河。这项工程1974年开工，1986年竣工，工程总投资约15亿美元。马赫斯跨流域调水工程是世界上海拔最高的调水工程，输水隧洞起始水位海拔3 740米，终端水位海拔3 369米。利用约2 000米落差建两座水电站，年发电22.6亿千瓦小时。这项工程质量好，经受了1998年厄尔尼诺气候异常暴雨袭击。

2. 前苏联额尔齐斯河东水西调工程。

前苏联哈萨克斯坦中部卡拉干达地区，降水很少，干旱缺水，水资源难以满足工农业生产的需要。为此，前苏联采取从水量丰富的额尔齐斯河调水于努腊河，以补充卡拉干达地区的水资源。该调水工程1962年开工，1972年建成，干渠全长460公里，冬季引水50立方米/秒，夏季引水75立方米/秒，年调水22亿立方米。由于调水工程处于极寒冷地区，冬季水库与水渠冰盖厚达1.4~1.2米，渠道输水运行大部分时间是在冰嘎盖下过水。由于冬季采取了防冰冻的综合性工程措施，实现了全年输水。

3. 澳大利亚雪山工程。

该工程由南北两条引水支流组成。共有16座水库，总库容为84.7亿

第二部分 南水北调西线工程新构想：南水西调及其资金筹措

立方米，有效库容为69.1亿立方米；12条隧洞，总长约145公里；7座水电站，80公里长的输水渠管。该工程大部分水库和所有隧洞都建在海拔1 000~1 500米的高程上。澳大利亚雪山工程北支流从位于雪山东坡的斯诺伊河上游的尤坎本河以及马兰比吉河和位于西坡的墨累河上游支流图马河三条河引水到马兰比吉河上游支流蒂默特河，用于供水、发电和灌溉。坦坦卡拉水库拦蓄马兰比吉河上游部分水量，通过16.64公里的输水隧洞把水引入尤坎本湖，由此再经过22.2公里输水隧洞把水引入蒂默特旁德水库；从图马水库引水经过14.3公里输水隧洞进入蒂默特旁德水库。然后引水经过几座水电站发电，尾水供下游灌溉用。南支流通过23.5公里输水隧洞，把尤坎本湖水输入水库。建设金德拜抽水站，将斯诺伊河上的金德拜恩湖水抽入艾兰本德水库。又从此引水经14.43公里输水隧洞到吉黑河下游，向墨累河2座梯级电站和斯诺伊河上游1座水电站送水。发电尾水泄入墨累河，供下游灌溉用。

以上三项跨流域调水工程对我国南水西调是有积极借鉴意义的。一个是在高海拔、高寒地区建筑高坝和开挖长隧洞以及发电，一个是在极寒冷地区输水，一个是充分利用自然湖泊作为调节引水，并充分利用引水发电。当然，我国的南水西调工程比它们规模和难度都要大，在人类社会进入21世纪后，由于技术的发展，相信一定能够建成。

三、南水西调工程的资金筹措

作为南水北调西线工程的一个新方案：南水西调工程，虽然还未能深入研究，但是其效益是巨大的，根据初步估计，水调入河西走廊后，由于走线高，基本上可以满足河西走廊工农业发展用水，植树造林用水和一批重化工、原材料工矿企业用水。届时，河西走廊将成为我国粮食、肉类、电力和原材料基地之一，干旱面貌逐步得到改观。根据黄河水利委员会南水北调西线工程方案计算结果，调到黄河的单方水效益为 4.6～6.9 元 (2020 年为 4.6 元，2030 年为 6.9 元，2050 年为 6.1 元)，那么，如果南水西调年调水 40 亿～50 亿立方米的话，调水年总的效益可达 184 亿～345 亿元。同时，由于南水西调沿线可以建设两个大型水电站，粗略估计年发电量可达 200 多亿度，扣除提水用电后，每年发电效益比调水效益好要多数倍，估计调水后每年仅水、电费收入将在 30 亿～40 亿元。由于南水西调工程在改善了青海引水沿线、甘肃河西走廊、新疆部分干旱地区水利条件的同时，也极大地改善了沿线的水环境和大气环境，其生态效益、环境效益、社会效益是无法用金钱衡量的。

虽然南水西调工程的投入是相当大的，初步估计总投入大约在 600 亿～700 亿元。但是这个投入额与水利部《南水北调工程总体规划（汇报材料）》(2002) 中西线静态总投资 3 040 亿元相比，要小得多。今后，我国将要加快水利投融资体制改革步伐，按照公共财政制度的要求，充分发挥政府对水利工程建设投资的主渠道作用，建立长期稳定的水利建设财政投入机制。同时，要充分运用市场机制，理顺水利产品价格，明晰产权关系，改善市场环境，广泛吸引包括外资在内的各类社会资金进入水利领

第二部分　南水北调西线工程新构想：南水西调及其资金筹措

域。随着我国经济发展进入工业化中期阶段，我国经济进入新一轮扩展期，积极的财政政策将逐步转型，国债发行规模减少，国债资金的使用重点将发生变化。但是，西部大开发仍然是长期建设国债投资保证的重点。包括 2005 年国债投资对西部大开发力度都没有降低。

根据我国《水利产业政策》将水利建设项目分为以社会效益为主，公益性较强的甲类项目，和以经济效益为主，兼有一定社会效益的乙类项目。南水西调工程项目应该属于甲类项目，因此，国家投资是最主要的一部分。为了减轻国家负担，加速工程建设，采取政府扶持与市场机制相结合的政策措施，建立多元化、多渠道、多层次的投资体系和政策，就能起到事半功倍的作用。

国家基建投资应向调水工程倾斜，增加国家财政性资金比例，相应减少非政策性资金比例，并对国内银行贷款，给予降低利息和延长偿还期限的优惠政策。同时，建议把南水西调输水线路上的两个水电站单独划出面向社会招标，因为这类电站不仅发电量大、而且风险性小，只要经营得好，短期内就能还本。另外，由于供水集中在河西走廊，且海拔低，土地平坦又能全部自流，因此，南水西调输水线路第一期主要修到河西走廊即可，向新疆输水可以在第二期工程中考虑。

主要参考文献

1. 亚当·斯密：《国民财富的性质和原因的研究》，商务印书馆 1988 年版。
2. 大卫·李嘉图：《政治经济学及赋税原理》，商务印书馆 1976 年版。
3. 普里戈金：《从混沌到有序》，上海译文出版社 1987 年版。
4. 阿瑟·奥肯：《平等与效率》，华夏出版社 1987 年版。
5. 伯尔蒂尔·俄林：《地区间贸易和国际贸易》，商务印书馆 1986 年版。
6. J·丁伯根：《经济政策：原理与设计》，商务印书馆 1988 年版。
7. E·M·胡佛：《区域经济学导论》，商务印书馆 1990 年版。
8. 弗朗索瓦·佩鲁：《新发展观》，华夏出版社 1987 年版。
9. 奥古斯特·勒施：《经济空间秩序》，商务印书馆 1995 年版。
10. 迈克尔·波特：《竞争优势》，中国财政经济出版社 1988 年版。
11. 陈栋生：《跨世纪的中国区域发展》，经济管理出版社 1999 年版。
12. 关山、姜洪：《块块经济学》，海洋出版社 1990 年版。
13. 胡兆量：《中国区域发展导论》，北京大学出版社 1999 年版。
14. 黄速建、魏后凯：《西部大开发与东中部地区发展》，经济管理出版社 2001 年版。
15. 李京文：《北京市经济增长与产业结构优化》，社会科学文献出版社 1996 年版。
16. 陆大道：《区位论及区域研究方法》，科学出版社 1991 年版。
17. 曾菊新：《空间经济：系统与结构》，武汉出版社 1996 年版。
18. 中国人民大学区域经济研究所：《产业布局学原理》，中国人民大学出版社 1997 年版。
19. 周起业等：《区域经济学》，中国人民大学出版社 1989 年版。
20. 国家统计局人口统计司：《环渤海东北亚的黄金地带》，中国统计出版社1994年版。

21. 高汝熹：《城市圈域经济论》，云南大学出版社1998年版。

22. 冯之浚、陈钺：《环渤海地区经济发展战略研究》，河北人民出版社1997年版。

23. 傅伯杰：《环渤海地区土地利用变化及可持续利用研究》，科学出版社2004年版。

24. 马野：《环渤海经济研究》，中国计划出版社1990年版。

25. 王厚双：《环渤海区域经济合作研究》，辽宁大学出版社2000年版。

26. 张利民：《近代环渤海地区经济与社会研究》，天津社会科学院出版社2003年版。

27. 陆大道：《中国环渤海地区持续发展战略研究》，科学出版社1995年版。

28. 吴良镛：《京津冀地区城乡空间发展规划研究》，清华大学出版社2002年版。

29. 景体华：《中国区域经济发展报告》，社会科学文献出版社2004年版。

30. 吴良镛：《人居环境科学导论》，中国建筑工业出版社2001年版。

31. 陈栋生：《中国区域经济新论》，经济科学出版社2004年版。

32. 王力、黄育华：《国际金融中心研究》，中国财政经济出版社2004年版。

33. 肖金成、杨洁、袁朱：《打造中心城市》，中国水利水电出版社2004年版。

34. 顾朝林：《中国城市地理》，商务印书馆1999年版。

35. 李国平：《首都圈结构、分工与营建战略》，中国城市出版社2004年版。

36. 胡序威等：《中国沿海城镇密集地区空间集聚与扩散研究》，科学出版社2000年版。

37. 钱正英、张光斗：《中国可持续发展水资源战略研究综合报告及各专题报告》，中国水利水电出版社2001年版，第252～264页。

38. 潘家铮、张泽祯：《中国北方地区水资源的合理配置和南水北调问题》，中国水利水电出版社2001年版，第210～326页。

39. 钱正英：《西北地区水资源配置生态环境建设和可持续发展战略研究》（综合卷），科学出版社2004年版，第46~51页。

40. 李善同、许新宜：《南水北调与中国发展》，经济科学出版社2004年版，第262~264页。

41. 林一山：《中国西部南水北调工程》，中国水利水电出版社2001年版，第58~59页；第69~71页。

42. 张修真：《南水北调——中国可持续发展的支撑工程》，中国水利水电出版社1999年版，第53~67页。

43. 左天觉（美）、何康：《真知灼见透视中国农业2050》；陈传友：《论"藏水北调"》，中国农业大学出版社2004年版，第129~140页。

44. 敬正书：《2004中国水利发展报告》，中国水利水电出版社2004年版，第33~33页。

45. 孙鸿烈、张荣祖：《中国生态环境建设地带性原理与实践》，科学出版社2004年版。

46. 杨立信：《国外调水工程》，中国水利水电出版社2003年版，第102~134页。

47. 水利部黄河水利委员会勘测规划设计研究院：《水利部黄河水利委员会勘测规划设计研究院南水北调西线工程二十世纪大事记（1952~2000）》，黄河水利出版社2002年版。

48. Dubois-Taine G, Henriot C. (eds), Cities of the Pacific Rim: Diversity and Sustainablity, PUCA, 2001.

49. B. Balassa, Comparative Advantage, Trade Policy and Economic Development, Harvester Wheatsheat, 1989.

50. Harvey Armstrong and Jim Taylor, The Economics of Regional Policy, Edward Elgar Publishing Limited, 1999.

51. Allen J. Scott, Global city-regions: Trends, Theory, Policy. London: Oxford University Press, 2002.

52. Peter Hall, Ulrich Pfeiffer, Urban Future 21: A Global Agenda for 21st Century Cities, London: E&FN Spon Press, 2000.

53. Jeo Ravetz, City Region 2020: Integrated Planning for a Sustainable Environment, London: Earthscan Publications Ltd., 2000.

后 记 一

经济发展不仅是时间问题，同时也是空间问题。任何经济活动都离不开某一特定的空间，不管其处于何种发展阶段，拥有何种不同的时间维度，其最终都要在空间层面投下"倒影"，人类社会的经济活动与特定空间的结合产生了我们今天所说的区域经济。传统经济学"为了纯经济的经济理论已完全忽视了空间问题"（萨缪尔森语），现代经济学研究已经开始运用经济学的方法去解决现实存在的空间问题，对于空间的关注成了现代经济学发展的最后前沿。

作为自然条件复杂的多民族大国，区域协调发展不仅是重大的经济问题，也是重大的政治问题、社会问题和国家安全问题。统筹区域协调发展，作为"五个统筹"的重要内容之一，是贯彻落实科学发展观的必然要求。在社会主义市场经济改革向纵深推进的体制背景下，如何依靠重点区域经济体的突破，推动国民经济的快速、均衡发展，以在最大程度上和最大范围内促进全体国民福利的增长，已经成为一项重要而紧迫的课题。

感谢特华博士后科研工作站在这样的宏观背景下给予宝贵的博士后研究机会，使我得以开展环渤海区域经济一体化的研究。本书在米建国教授、马庆泉教授和董文标教授的具体指导下得以完成。感谢三位合作导师，感谢他们对我在治学和做人方面给予的指导与帮助！

在本书写作过程中，特华博士后科研工作站的王力老师、黄育华老师等都给了我不同程度的指导与帮助。在本书完成之际，谨向各位老师表示最诚挚的感谢！

李 娟

2005 年 10 月

后 记 二

非常感谢中国博士后特华科研工作站给我做博士后研究的机会。在获得博士学位以后,一边工作一边做博士后研究是需要付出艰苦努力的。我非常感谢导师组的李扬、陈锡文、高传捷导师,特别是组长李扬导师知道我金融知识属于"弱项",在一次关于选题的指导性谈话后,他说博士后研究主要是需要解决实践中的问题,鼓励我研究现在的选题。我选择的这个题目是属于西部大开发实践前沿的重大课题。我非常感谢水利专家陈传友,一开始我出于对国内流传的"大西线调水"的关注向他请教而成为"忘年交",他在西藏工作了多年,提出了"藏水北调"。"南水西调"最初是我提出设想,我们共同研究的,是区域战略专家和水利专家智慧结合的产物,我们没有科研经费,但真理有时候也许会照顾真诚的研究者。在李阳导师赞同我继续研究这个课题后,我进行了比较全面的研究。我在与民勤相邻的古浪县挂职担任县委副书记的一年间,三次驱车在1 000多公里长的河西走廊来回调查,得知温家宝总理对民勤十分关心,先后有7次批示,"绝不能让民勤成为第二个罗布泊。"经过实地考察,我提出了南水北调西线工程一个新的构想:南水西调。这是一个具有独创性的研究成果。我相信这个构想在今后一定会对实践产生巨大的影响。当然,到目前为止的研究还是初步的,需要进一步完善,需要引起有关部门的重视,需要客观地组织专门的研究。我在站期间在特华博士后工作站做了2次学术报告,参加了两次学术会议。非常感谢特华博士后工作站的王力博士、黄育华博士、王忠琴、张博等同志对我在站期间进行博士后研究的关心和鼓励。

胡长顺

2005年10月25日